Laurentius Albertus

Christliche treue Warnung an die Städte Worms, Speyer, Landau

und andere Städte

Laurentius Albertus

Christliche treue Warnung an die Städte Worms, Speyer, Landau und andere Städte

ISBN/EAN: 9783744635608

Hergestellt in Europa, USA, Kanada, Australien, Japan

Cover: Foto ©Lupo / pixelio.de

Weitere Bücher finden Sie auf **www.hansebooks.com**

Christliche tre-
we Warnunge / an die
Stedte Wormbs/Speier/Lan-
daw / vnd andere Stendte / so den
Zwingli schen/orts halben nahe ver
wandt / das sie jren Jrthumb
im Nachtmal lernen ken
nen / vnd sich da=
uor hüten.

Sampt einem Vnterricht / wie
sich die Leyen gegen solchem Jr=
thumb halten söllen.
Durch
M. Laurentium Albrecht.

Galat. 3.
Verachtet man doch eines Menschen
Testament nicht (wenn es bestetiget ist)
vnd thut auch nichts darzu.

Den Erbarn / Fürsich-
tigen / Ersamen / vnd Weisen
Herrn Burgermeister / Rheten / vnd
Christlichen gemeinen / der Löblichen
Stedt / Wormbs / Speier / vñ Landaw /
Gnad fried vnd einigkeit / in Chri-
sto Jesu / mit Wündschung al-
les guten / Amen.

Jntemal der Men-
schen natur vnd eygen-
schafft / Durch den fall
Adams vnd Eue / vnser
ersten Eltern / verderbt
vnd vergifft ist / kan er nicht mehr in einē guten Wesen / zuchtigen erbarn wandel / vnd Christlichen Wercken / lehr vnd
leben / von sich selbst / standhafftig vnd
vnabfellig / ohne Gottes sonderlichen beystand vnd hülff / sein vnd bleyben / Sondern er fellt jtzt in diese / bald in ein andere sund / jtzt gleubt er das / jtzt jenes / bald
leist er Gott den Gottesdienst / bald einē
andern vnd bleibt also nimermehr / in kei-

J 2　　　nen

nen rechten fürſatz / ſtand oder wandel /
weder in weltlichen ſachen / den leib vnd
ſein vnterhaltung belangēt / noch in geiſt
lichen / welche die Seel vnd jhr Seelig-
keit antreffen.

WJe er nun manigfeltig ſündigt /
vnd Gott ſeinen ſchöpffer verletzt / alſo
wird er auch mit manigfeltigen ſtraffen /
daheim geſucht vnd gezüchtigt. Deñ das
iſt einmal Gottes vnwandelbaren will /
vnd furſatz / das er alle ſünde / damit das
menſchlich geſchlecht beſchmeiſt vnd beſu
delt iſt / nicht allein in zukünfftigen / Son
dern auch hie in dieſem lebē ſtraffen wil /
deñ er iſt ein gerechter warer vnd eyferi-
ger Gott / der alle Sünder daheim zuſu-
chen / vnd die miſſethat zu ſtraffen ge-
trawt / alſo ſehr vnd hoch / Das er ſeines
ſtraffens nicht laſſen kan / Deñ er will
ſich vnſtet halben / zu keinem lügner machen.

WJe aber die ſünde vngleich ſind /
alſo werden ſie auch vngleicher weis ge-
ſtrafft. Deñ geringe ſünd werden mit ge
ringen

ringen straffen vnd plagen daheim ge-
sucht / aber auff grausame schreckliche
sünd folgen/grausame schreckliche straffen. Deñ Gott will ein Jeden nach dem
ers verdient / oder gesündigt / mit gleich
messigen vbel der straff bezalen.

JSt nun die sünd gros / so verdienen
wir grosse straff / ist sie aber klein / so hat
die straff bald ein ende / vnd werden mit
vnsern Herrgott dester ehe versönet / Nur
das wir mit einem busfertigen hertzen vñ
fürsatz eines newen lebens / verzeihung
derselbigen vmb Christi verdinsts willen
bitten.

DArumb gehört vnd stehet einem jeden Christen zu / die sünde wol erwegen
vnd betrachten/vñ sich aus eines andern
exempel oder beyspiel bessern vñ bekeren.
So behelt man eine gnedigen Gtt / vnd
entrinnet der straff vnd zorn Gottes. A-
ber weñ man will fürsetziglich in eygene/
wissentliche sünde fallen / so ist es zulang
gehart/Deñ man bekompt dadurch/ nur
einen vngnedigen Gott / vnd die straff

A 3   wird

wird je lenger je grösser.

Wil man nun Gott zu einem gnedigẽ vnd freundlichen Gott behalten / so mus man diese zwey stück betrachten. Erstlich die grösse vñ grausamkeit der sünde/ was sie für Gott anricht / vmb welches wils len/vñ wie schwerlich sie zuuergebẽ sein/ Deñ die sünd die vnwissentlich vnd aus menschlicher schwacheit geschehen / vmb Christi willen können vergeben werden/ Aber die wissentlich/vorsetziglich vñ aus wolbedachtem mut geschehen / Welche man weis das sünd sein/ ehe man sie be geht/ die sein nicht / aber ja gahr schwer lich zuuerzeihẽ/ Diese sünd heissen in der schrifft Gottslesterung/ oder sünde in hei ligen geist/ als da man seine sünd grosser acht/ deñ die vergebung derselbigen/ wie Judas thet / Oder da man die erkante warheit / aus eingeben des Sathans/ leugnet vnd vmbstöst / als Zwinglius vñ sein anhang mit dem heiligẽ Hochwirdi gen Sacrament des altars thut vnd vmb gehet.

Der+

DArnach muß man auch bedencken/
wie die sünd gestrafft werde/ Deñ auff
die sünde/ die straff/ der Tod/ vnd ewigs
verderben volgt. Kan nun ein sünder sich
aus eines andern exempel bessern vñ bus=
se thun/ ehe deñ jm die straff auff den hals
kome/wol jme/ deñ er wird in der schrifft
fur einen klugen vnd weisen man gehal=
ten/ Darumb das er sein leben/nach an=
dern exempel anstellen kan.

Nun sehen wir/das jtziger zeit Got=
tes zorn vnd straff/ abermal für der thür
ist/ vnd vns schier auff dem hals ligt/da=
rumb das die sünd vnd Gotteslesterung/
sehr im schwang gehen/ vñ fast allenthal
ben zunemen vnd regieren.

Denn ohne das wir in weltlichen sa=
chen/vñ einer gegen dem andern mit sün
den behafft/ Dringt sich auch bey vielen
die grausame Gotteslesterung der Zwin=
glischen vnd anderer Secten ein/vnd be=
schmeist die Christliche Kirche/hin vnd
wider/ also/ das sie die bestandhaffti=
gen Christen abtrunnig/ die glaubigen

A 4   Zwei=

zweifelhafftig/die Liebhaber des Worts
verechter / die mennig vnd viel der zuhörer klein/ vñ aus der schönen vnbeflecten
braut Christi gar eine Babilonische hur
machen. Auff solche Sünd folgt gewiss-
se straff/deñ wo sünde/da straff.

Wie nu die Zwinglischen / so vor vns
gewest/zu allen zeiten sind gestrafft wor-
den/Also werden diese/die sich heutigs ta
ges entpören / auch jren lohn empfahen/
sampt allen jrer Secten Mitgenossen.
Denn es hat nie keinem Sectarien oder
Rottengeist wol gangen / sie sind entweder selbst schrecklichs tods gestorben/ vnd
ein grewlich end genomen/oder aber von
andern / wie sie verschuldet/ vmbracht
worden/vnd also ire Seel von diesem Le
ben/als ein grewel ausgereuttet.

Wöllen wir nu die Sünd betrachten/
vñ die straff so darauff folgt/ an exempel
anderer Leut lernen / so wird es vns nü-
ße vnd gut sein. Aber es ist nicht müg-
lich sich aus eigenen krefften / solcher hohen ding / nemlich der Sünde vnd zorns
Got-

Vorrede.

Gottes erinnern/man werde denn durch dem heiligen Geist/ zu erkentnis derselbigen gefürt.

Solches geschicht nu mehr nicht ohne mittel oder flugs weis / wie die Widerteuffer sagen/Sondern es mus das wore wort Gottes da sein/ durch welches Gottes Geist krefftig ist/vnd seine gaben vñ gnad in alle Menschen eingeust / darein man lernt was Sünde sey / Item/ wa die straff vnd zorn Gottes sey/so auff die sünde folgt / was auch die weis vnd weg sey / wie man sich für sünden hüten/ vnd Gottes zorn ledig werden mög.

Vnd weñ man betracht/wie ein gros misgefallē Gott ab den Sündē hab/ vñ wie gern er sehe/das jedermeniglich busse thet vnd sich bekerte / wird man nicht so leichtlicht darein fallen/vnd sie so gering achten vnd halten.

Ich wil aber izt geschweigen aller anderer sünde / die man beide in weltlichen vnd geistlichen sachen begehet / vnd nur allein diese anzihen / die da heist Abgöt-

A 5 terey

terey / oder abtrünnigkeit vnd verleug=
ung / des namens Gottes / vnd seines hel=
len klaren vnd lautern Worst.   Dieselt=
big nimpt jtzt allenthalben zu / vnd reist
also eyn / das sich zu besorgen / es werden
grosse vnd vnleidliche Straffen darauff
folgen.

Dieweil aber Gott der almechtig zu=
sicht / vnd ein zeitlang den Bösen verhen=
get / mussen wir neben dem vertrawen / so
wir zu jm haben / nichts desto weniger /
auch vnsers dazu thun / vns vnsers amp=
tes vnd beruffs erinnern / vnd vnserm ey=
de gnug thun / den wir bey Christo zuste=
hen / vnd dem Teufel widerzustreben in
der Tauff geschworen haben.

Dieweil auch der feind altenthalben
vmbgehet / wie ein brüllender Lew / suchs=
end wen er verschlind / vnd albereit nicht
allein an frembden orten / sondern auch
bey vns in die Christlich Kirch eingeris=
sen / vnd seine gifft / nicht allein mit grim=
migen bösen / sondern vielmehr mit gezir=
ten vñ süssen wortt / noch jmerzu einsingt

vnd

vnd geust/denn er tausentkünstig ist/vnd
viel von der warheit des Euangelij ab-
fürt/die zu jren selbst eignen verderbnis/
Christi worten / durch solche Teuflische
anreitzung nicht glauben geben.

Werd ich sampt allen denen/ so Gott
der almechtig zu leren/die seinigen zu ermanen / vnd dem Teufel zu wehren / be-
ruffen hat/verursachet/das wir/ sonderlich die solche Teuflische gifft versuchet
vnd geschmecket/ an vns vñ vnsern vleis
nicht erwinden lassen / guthertzige frome
Christen zu warnen / das sie sich für solchen abgöttischen vnd verfluchten Secten wissen zuhütten.

Es möcht aber jemand gedencken/ die
Secten zu refutirn vñ widerlegen/brau-
che viel zancks vnd haders / vnd sey ver-
drieslich beide zu schreiben vnd zu lesen/
Darumb es besser were/man schwig nur
still dazu/vnser Herrgott wird sie zu seiner zeit wol finden vnd richten.

Denselbigen antwort ich / man mus
dem Satan widerstand thun / vnd den
zaum

Vorrede.

zaum nicht zu lang laſſen/damit er nicht
vber die Kirch zugewaltig werde / es br=
auche gleich mühe oder arbeit / wie viel
es wölle / Denn alſo ſaget Paulus 2.
Tim. 3. Predige das Wort/halt an/ es
ſey zu rechter zeit oder zur vnzeit/ſtraffe/
drawe/ermane/mit aller gedult vnd leh=
re/deil es wird ein zeit ſein/da ſie die heil
ſame lehr nicht leiden werden/ Sondern
nach jren eignen lüſten / werden ſie jnen
ſelbs lehr auffladen/nach dem jnen die oh
ren iucken etc. Item zun Coloſ. 4. Halt
an am Gebet / vnd wach an denſelbigen
mit danckſagung.

Desgleichen wird der Prophet Eſai=
as auch getroſt/am 13. cap. da der Herr
im geſichte zu jm ſagt / Ruffe getroſt wi=
der ſie/ Vnd am 40. cap. Jeruſalem du
predigerin/heb deine ſtim auff mit mach
te/heb auff vnd furchte dich nicht / Sa=
ge den Stetten Juda / ſihe / da iſt ewer
Gott etc.

Vnd Jeremie am 50. gebeut Gott
der Herr dem Propheten vnd ſagt/Ver=
kün

kündtgt vnter den Heiden/ vnd laſt er ſch
allen/ vnd verbergts nicht etc. Vnd ſp
recht Bell ſtehet mit ſchandt. Vnd im 51.
wie plötzlich iſt Babel gefallen / heult v
ber ſie/ nemet auch ſalben zu jren wundt/
ob ſie vieleicht möcht heil werden / Wir
heilen Babel/ aber ſie wil nicht heil wer
den / So laſt ſie faren/ vnd laſt vns ein
jglicher in ſein land zihen / deñ jr ſtraffe
reicht bis an dē Himel. Item/ werfft ba
nir auff im lande/ blaſet die poſaunen vn
ter den Heiden / heiliget die Heiden wi
der ſie etc. Vnd Salomon in Sprüchen
am 14. ſagt/ Das iſt des klugē weisheit/
das er auff ſeinen weg merck.

Solche vnd dergleichen Sprüch/ trö
ſten vns gewislich zum allerhöchſten/ vñ
machen vns behertzt / das wir das maul
dürffen wider ſie auffthun/ Gott gebe die
Welt ſatz dazu was ſie wolle.

Was nu den gemeinen Man vnd ein
feltige Chriſten belangt/ iſts nicht gnug/
nur gedencken / es gehe jn nichts an/ wie
man mit andern Kirchen vmbgehe / ſie
wer

werden verfürt oder nicht / vnd also sich
jres vnglücks nicht annemen/Sonder es
gebürt sich jderman / der anders ein Ch=
rist sein wil/für sie zubitten/ vñ sich mit
Gottes wort vermanen zulassen / damit
er nicht gleichfals wie sie verfürt werdē.

Darumb thuts fürwar lerens/ verma
nens vñ anhaltens/zu solchen zeiten sehr
not/ deñ albereit viel ort vnd stedt dahin
gerhaten/ das sie keins theils vom nacht=
mal Christi vnterricht/weder in priuat/
goch gemeinen offentlichen orten/ hören
wöllen.   Vnd da nicht die sach in ach=
tung vñ auffsehung gehabt/wurde es (da
Gott für sey) dahin komen / das wir an
viel andern artikel vnserer Christlichen
lehr/zweifeln würden/ dieweil wir so sch
wachgleubig sind / vnd vns die Schwer=
mer von dem rechten verstand der klaren
vñ lautern wort der einsetzung des nacht
mals des Herrn abfüren / oder zum we=
nigsten zweiffelhafftig machen lassen.

Vnd ist zuerbarmen vnd zubeweinē/
das in so kurtzer zeit nach dem absterben
des

des tewren fromen mans seliger gedecht=
nis D. Martini Luthers/so viel Sectē
sich vnter vns Euangelischen wider erre
hen vnd wachsen sollen / welchen allen er
das maul wol hett stopffen können / so er
diese zeit mit lebē solt erreicht haben. A=
ber am selbigen tag des Euangelij / mu=
sten die Fledermeus innen stecken vñ sich
nicht sehen lassen/bis jtzt da die nacht des
Euangelij/vñ der abend der gantz Wel
te herzu gehen / sich die Nachteulen her=
für geben/ dem Herrn Christo zuraubē/
vnd zustelen alles was sie ankomen.

So deñ nu jderman rhaten vñ helffen
sol/ mit vermanen/ leren/ bitten vnd be=
ten/ das den Secten gestewert vnd ge=
wehret werde/ Hab ich dem Herrn Chri
sto zu lob vnd ehre / zu vnser Seelen heil
vnd seligkeit / im reich Christi der nach=
lessigst nicht sein wöllen. Derhalben E.
E. W. sampt jre Vnterthanen/aus Ch
ristlichē wolmeinenden gemüt/ bey stand
hafftigkeit des Worts zubleiben/ erinne
ren vnd ermanen/ in hoffnung/ es werde
sol=

solches bey E. E. W. vnd der selbigen
Chriſtliche Vnterthane / als in gleubi=
gen hertzen bekleiben/dazu wol erſchiesli=
chen nutz vnd frucht bringen. Damit E.
E. W. exempel nach / andere gleichfals
beſtendiglich beharren / vnd die Secten
nidergedruckt vnd gedempt werden mö=
gen. Den̄ gemeiniglich die nidrigs ſtan=
des ſein/ den̄ ſo Gott der almechtig hoch
erhaben vnd geſetzt hat/in exempel/lehr/
vnd leben nachfolgen. Zweiffelt mir auch
nicht/ das Gottſelige vn̄ trewe lerer bey
E. E. W. vnd derſelbigen Chriſtlichen
gemein vnd Kirchen/mit leren vn̄ ernia=
nen/irem ampt vn̄ beruff nach/zum höch
ſten anhalten / vnd alſo mein arbeit inen
gefallen laſſen/als eines/der mit inen in
gleicher arbeit anſteht/vn̄ aus hertzlicher
lieb/ſampt inen/ das reich Chriſti zu ge=
mehren vnd fort zuſetzen begert.

Derhalben wil ich ein verman oder
lehrſchrifft / vnd kein Streit ſchrifft an=
ſtell̄/ in anſehung/das ich mit den Zwin
gliſchen/irer perſon halb̄/nichts zuthun
haben

haben wil / Denn wo bey jnen nicht gute
wort helffen wöllen / so verlassen sie sich
auff trotzen vnd pochen / vnd also die sach
mit zanck vnd hader hinaus zufüren.

Ich hab aber solche warnung deudsch
sampt einem inhalt des gantzen handels/
vom Nachtmal gesetzt / der meinung / es
werd sie jedermeniglich lesen könne / vnd
daraus erkenne / wie betrieglich die Zwin
glische mit der Schrifft vmbgehen / Ite
was gefahr vnd not drauff stehe / wenn
man jnen also liderlicher vnd vnbedach=
ter weis zufalle.

Der almechtige ewige Gott / wöll sein
gnad vnd heiligen Geist dazu geben / das
all vnser predigen / vermanen vnd anhal=
ten / so viel in der Christliche Kirch aus=
richt / das dadurch Gottes gebürliche ehr
vnd vnser Seelen heil vnd Seligkeit ge=
sucht werde / Amen.

Datum Conuersionis Pauli / Anno
1563.
　　Ewer Williger
　　　　M. Laurentius Albrecht.
　　　　　　B　　　Chri=

Christliche trewe War-
nung/ an die Stett/ Wormbs/
Speier/ Landaw/ vnd andere Stende/
So den Zwinglischen orts halben nahe
verwandt/ das sie jren Jrthumb
im Nachtmal Christi lernen
kennen/vnd sich da:
uor hüten.

ES Saget vnd beklaget
sich Hiob / der frome vnd
Gottsfürchtige Man / das
vnser Leben nichts anders/
denn ein stettiger Streit vnd Kampff
sey/ mit vnsern Feinden auff dieser Er:
den / mit denen wir jmmerdar zufech:
ten vnd zu balgen / vnd vns wider sie
auffzulehnen haben. Welchs er an jme/
da sichs ansehen lies/als weren jm nicht
allein alle Creaturẽ/ sondern Gott selbst
zu wider/ erfaren vnd befunden.

VNd heutigs tags lernen vnd besin:
den wirs/nicht an seinen oder andern Ex
empeln/ Sondern ein jeder Gottseliger
fromer

fromer Chrift/ ſpüret an ſme ſelbſt/was
für ein gefehrlicher vñ vnrhwiger Stand
der Chriſten Stand in dieſem leben ſey.

DEnn das ich anderer Vrſach ge-
ſchweig/wil ich nur allein der gedencken/
das vnſer Ertzfeind der Teufel nicht fey-
ren kund/ alſo bald der Menſch geſchaf-
fen ward/ jn mit Liſten vnd guten wor-
ten/aus dem ſchöneu Luſtgartē dem Pa-
radeis/ darein er geſetzt/ fried vnd freud
hette/ zulocken/ bis das er jn letzlichen zu
Feld in ſtettige Scharmützel vnd Streit
bracht / darinnen wir nun alle ſtecken/
vnd bis ans Ende der Welt/ viel ſchreck-
licher Sturm vnd Anlauff des Satans
gewarten vnd ausſtehen müſſen.

ABer wie ſtarck er ſich rüſtet/vñ grau
ſam gegen vns ſtellet/ ſo haben wir doch
gewiſſe vnd gnugſame Wehr / dadurch
vnd mit wir jme ſtarcken widerſtand thun
können.

DEñ ſo wir das Zeughaus vnſers Her-
ren Chriſti/ das iſt / die heilige Schrifft
erſuchē/ ſo findē wir dē gürtel der warheit
den Krebs der Gerechtigkeit/ den Schilt

des Glaubens/das Helm des Heils/das
Schwert des Geists / vnd andere viel
mehr Waffen/wie sie vnser Zeugmeister
S.Paulus zum Ephes. am 6.erzelet.

DIese vñ dergleichen Waffen/wird
vns der Teufel nimermehr ablauffen/o-
der ausschlahen können/Denn es sind so
spitzige vnd scharpffe wehren/die er keins
wegs leiden oder dülten kan.

ER aber braucht auch Waffen vnd
Wehr wider vns / Aber vnsern viel zu-
schwach/ als da sind/ Gezierte vnd ge-
schmierte wort/ Betrug / List / Lügen/
heimlich Practick/Mord/Ketzerey/Se-
cten/vnd dergleichen. Diesen allen können wir starcken widerstand thun/mit denen Wehren/ die wir/wie gesagt/ aus
heiliger Schrifft holen.

DIeweil er denn solchs sampt allen
den seinen wol weis/ so hat er die feindli-
che List/von anbegin der welt gebraucht/
das er die Pfeil vnd Geschos/welche wir
aus heiliger Schrifft entlehnen/vns mit
denselbigen wider in schützen vnd auffhal
ten/widerumb gebraucht/in eil erwischt/
                                        vnd

vnd sie auff vns richt/ vnd darscheust/ damit er vns viel gröffern/ denn mit seinen
eignen Waffen schaden zufügt. Vnd solches thut er am meysté/ durch seine Diener vnd Knechte welche zwispalt vnd vn
einigkeit in Glaubens sachen anrichten/
vnd entporen/ die in seinem Regiment
die Sectarien genent werden.

Exempel haben wir gnug vñ alzu viel/
Denn da er vns der Rechtfertigung halben für Gott/ einen Streit anbot/ vnd
wir vns gegen jme wehreten/ mit dem
Spruch Pauli zum Rom. am 3. das wir
allein durch den Glauben die Seligkeit
bekomé/Erwischt er gar bald den Pfeil/
vergifft jn/ vnd richt jn widerumb auff
vns/ vnd beschedigt vnser viel mit der
Gifft/so er daran gestrichen/das dieweil
der Glaub ein gutes werck were/ so folgt
daraus/das die werck selig machen.

Item/da wir vns gegen im wehreten/
Christi Leiden vnd Tod betreffend/ vnd
sagten/ Er sey ein gnugthuung all vnser
Sünde/ Da ergreifft er den Pfeil/ vnd
halbiert oder zerbrach jn/dieweil er sagt/

Chri-

Christus hab nur für die Erbsünde gnug gethan/ darumb er damit auff vns zilte/ vnd vnser einen grossen hauffen verletzte.

ALso thut er heutigs tags/ da wir vns gegen jm setzen vnd sagen/ Jm heiligen Nachtmal Christi/ empfahe man seinen waren Leib vnd Blut/ halten derhalben vns gegen jm mit solchem Geschos auff/ Darumb das Christus selbst auff diese weis eingesetzt vnd gesagt/ Das ist mein Leib/ Item/ Das ist mein Blut.

SOlche zwey Geschos oder Pfeil/da er sihet/ das sie krefftig vnd starck sein/ vnd also liederlich nicht zerbreche/ nimbt er sie/ scheust mit vnter vns/ vñ verwund nicht allein vnser viel/ mit seiner Gifft/ damit er sie bestrichen vnd inficiert/ sondern tödt sie auch/ vnd bringt sie gantz vnd gar vmb/ Denn welche er damit beschedigt/ die sind nach art der Gifft nicht zu heilen.

SOlche heimliche List hat er von anbegin der Welt gebraucht/ vnd fast alle Artickel Christlicher Lehr/ mit Schriffte angefochten/ welche er mit seiner Satanischen

nischen vnart vnd hellischem fewer / vergifft vnd inficirt hat. Sonderlich die spri-
rüch / so die ander Person der Gottheit /
den Son Gottes belangen / dem er nur
zum höchsten widersteht / vnd sonderlich
feind ist / dieweil er jme sein Reich zerstö-
ret / macht vnd gewalt genomen hat.

Darumb jr etlich erregt / die erstlich
seine Gottheit leugneten / als Cherinthus /
Arius vnd andere. Etliche aber / die da
erkenten / das Christus warer Mensch /
vnd Gott were / bracht er in die vnsinnig-
keit / das sie jm nach leib vnd leben stun-
den.

Andere geraten in den wahn / das sie sagen / Christus könne menschlicher natur
nach nicht sein / da sein Göttliche natur
ist / Diese sind dem Ario nahe verwand /
den sie trennen die person Christi / vn sagen / die Gottheit sey wol almechtig / a-
ber sein Menscheit sey schwach / vnd nur
ein vnermüglicher Mensch noch heuti-
ges tags / wie er etwan gewesen / da er
noch auff Erden gieng.

Also sehen wir / das er des Herrn Chri-

sti ge

sti geburt / lehr vnd leben / todt vnd ster=
ben/ansicht vnd erregt/ allezeit Leut wi=
der jn/die alle Artikel/ so bisher für recht
vnd gut/von der Christlichen Kirchen ge
gleubt/ vñ in der Schrifft gegründt sind
von seiner Menschwerdung vnd kindheit
an / bis auff seinen letzten willen vñ Te=
stament sich vnterstehen zuwiderspreche.

Vñ wiewol er sich zu allen zeiten grau
sam gnug wider die Kirchen gestelt hat/
vnd viel jrthumb angericht.   So sehen
wir doch vnd erfarens/ das er des Herrn
Christi Testament nie also angefochten
hab/ als eben itzund / Deñ vor zu keinen
zeiten/ solche auffrhur durch den jrthumb
von des Herrn Nachtmal / entstanden
sind/ wie zu vnsern zeiten/ da wir für au=
gen sehen/ das nicht allein viel Stedt/ ho
he Schulen vnd Fürstenthumb/ sondern
auch gantze Königreich vnd Monarchie
dadurch in entpörung vnd zerrüttung ko=
men.

Daraus wir leichtlich abnemen kön=
nen/ was Secten vñ sectarien sind/ nemb=
lich solche gesellen / die die klare helle vnd
laus

lautere ſchrifft die zu verteidigē/Die rei
ne vnd ware Lere von Chriſto angezogen
wird/verfelſchen/dieſelbig zu jrer fanta=
ſey vnd gutdüncken brauchen / vnd da=
durch nichts denn jamer vnd nott in der
Welt anrichten/Damit die armen See
len verfürt / vnd dem Teufel/wie deñ zu
allen zeiten der Welt geſchehen/von dem
menſchlichen Geſchlecht ſein zoll werde.

Vrſach aber ſolcher Secten ſein/das
dieweil der Teufel der Welt ende vor=
handen ſicht vnd ſpürt / das ſein Macht
wider die Chriſten bald werde ein ende ha
ben/Darumb iobet vnd wütet er ſo ſehr/
damit er ſein Reich auch gemehren vnd
die helle füllē möge / ehe deñ jm der Herr
Chriſtus/mit ſeiner herlichen zukunfft zu
uor kome / vnd ſeinem wüten den garaus
mache.

Darumb er auch dem Teſtament vñ
letzten willen Chriſti zu vnſern zeiten ſo
hefftig widerſpricht/vnangeſehen alle an
dere Artikel / die doch auch angefochten
werden/Der meinung/wo er vns daran
zweiffelhafftig machen wird / ſo wolt er

vns auch berauben aller Güter / die vns darinnen versprochen vnd zugesagt sein.

Aber wie gros die gefahr der Christē / je grösser die ehr vnd almechtigkeit Gottes / Darumb in der höchsten nott vnd angst / bisweilen die hülff vnd gegenwertigkeit Gottes / herfür scheinen vnd sich sehen lassen mus. Darumb ist solche enderung des Glaubens / vnd der lehr von Christo / ein gewiss anzeigung / das sein endliche zukunfft nicht weit sey / Denn gleich wie in weltlichen Sachen / oder in Schulzencken / je wichtiger vnd schwerer die sach ist / je gelertere vnd hohere Leut mussen dazu gebraucht werden / dieselbig hinzulegen vnd zu entrichten. Also dieweil die Secten so sehr wachsen vnd oberhand nemen / vnd vns menschen vnmüglich ist / das wir vns gentzlich draus entrichten / vnd sie aus der Kirchen ausrotten könten / Mus vnser oberster Preses / das ist / Beystand vnd Schidsman selbst mit seinem endlichen letzten vrteil komē / die sach einmal zum ende bringen / richtē vnd niderlegen / Vnd das sollen alle Christen

risten von grund jres hertzens bitten/das
es nur bald geschehe.

Denn dieweil der Teufel das Bap-
stumb mit so viel jrthumb erfüllet hat/vñ
sich nicht daran gnügen lest/ Sonder erregt andere Secten mehr / als Zwingli-
sche/ Widerteufer/ Schwenckfeldische/
vnd dergleichen/welche alle mit leren vñ
predigen/schreiben vnd reden/ wider einander sein/vnd einander den Himel absa-
gen wöllen / des sie doch alle fehlen wer-
den/ vñ ist also ein Teufel wie der ander.

Wer wolt vnter solchen jrthumen nicht bitten vnd wündschen/das der Jüng-
ste tag vnd ende der Welt nur bald keme?
wiewol es ohne das nicht weit mehr dahin
ist / dieweil der Teufel mit sich selbs be-
gint vneins zu sein / So mus er als bald
anheben/das er in ewigkeit treiben wirt/
nemlich zancken vnd hadern/die Seinen
martern vñ plagen/ vñ einen steten krieg
vnter jnen für vnd für anrichten/ deñ also vnd nicht anders geht es in der Hellen
zu.

Dieweil ich mich aber vber die Zwinglischen

glischen ſitt allein beklag/vnd alle Men⸗
ſchen von jrer lehr abzuſchrecken / begert
vnd für mich genomen hab/So wils die
not erfordern/ das ich anzeige vñ erzele/
in welchen Artikeln oder ſtück der Chriſt⸗
lichen lehr ſie jrren oder fehlen / Damit
man ſich in ſonderheit vor ſolchē jrthum
zuhůten vnd ſeiner müſſig zugehen wiſſe.

Da ich aber in gemein von allen ſtů⸗
cken reden wil/ſo befind ich keinen merck⸗
lichen jrthum/denn den ſie im Nachtmal
Chriſti haben vnd leren. Wiewol ſie den
guten Lutherum/ſeliger gedechtnis/ viel
beſchuldigen/vnd alle/ die ſeine Bücher
leſen/oder jm anhangen / in argwohn ha
ben / Als der die Götzen vnd Bilder/in
den Kirchen zugelaſſen/Item/groſſe vn
zucht der Studenten zu Wittemberg ge⸗
litten vnd vberſehen/ Item die Kindlein
nicht die Sontag / ſonder die Wercktag
hab teuffen laſſen/Itē er ſeye in volſauf⸗
fer geweſt/ Itē er hab das Nachtmal bey
den Kranckē in Heuſern gehaltē / Item
das er Orgeln / latiniſch vñ figural Ge⸗
ang in kirchē hab zugelaſſen. Solche vñ
der

dergleichē nichtig entschuldigung/werdē sonst võ andern verworffē vñ widerlegt.

Itzt aber wil ich den Irthumb im Nachtmal Christi allein angreiffen/vñ erstlich von Testamenten etwas reden vnd dabey anzeigen/was zu einē vnwandelbarn vnd vnwidersprechlichen Testament vnd letzten willen gehör/vñ daraus ein Confession der Zwinglischen stellen/ vnd zu erkennen geben/ob sie irren in definitione/causis/effectu/oder dergleichē etc. damit ein jeder den statum des gantzē handels wol fassen vnd verstehen könne.

Ein Testament aber/ist ein endlicher wil eines Testires/mit meldung der Erben eines oder vielen/Dẽ es ohne erben vnkrefftig ist/welches so es wol bedacht/ vnd mit seinen gebürenden eigenschafftē vñ ombstenden gemacht/vnwidersprech lich ist. Es gehören aber zu einem Testa ment fürnemlich vier stück/Erstlich der Testirer/das ist der das Testament macht vnd einsetzt/der sol vernünfftig sein/ vernünfftig/wolbedachtes muts/vñ deut lich reden/damit hernachmals vnter den
Erben

Erben nicht zanck vnd hader enstehe / als
hett er nicht ausdrückliche vnd gnugsam
verstendliche wort geredet / oder anders
geredt vnd anders gemeint / dadurch die
Erben betrogen / vnd das Testament zu
nicht gemacht würde.

Darnach mus in dem Testament der
Erben gedacht werden / deñ ohne sie / es
sonst kein krafft noch macht hat.

Zum dritten / gehören gnugsame vnd
gleubwirdige zeugen dazu.

Zum vierden / ein trewer / vleissiger /
gleubwirdiger / fürsichtiger Notari oder
Schreiber / der die Sach vleissig mit allen vmbstenden auffzeichen vñ beschreib.

Hieraus examinir vnd erweg mir ein
Christ wol vnd vleissig / das Testament
des Herrn Christi / in betrachtung aller
deren stücken / so hieuor angezogen. Deñ
erstlich zu redẽ von dem Testatore selbs /
finden wir keinen mangel oder fehl / an al
len seinen zugehörigen Eigenschafften.
Deñ niemand / der anders ein Christ / vñ
kein Heid ist / darff fragen oder zweifeln /
ob Christus vernünfftig gnug in seinem
Testa-

Teſtament geweſen / Dieweil wir auß
heiliger Schrifft wiſſen / das er die ewi=
ge weisheit.allein ſey / vñ nie nichts thör=
lichs gethan hat.

Item da wir zweifelten / ob er weislich
oder vnbedachts muts / vnvorſichtiglich
vnd vnweislich geredt / als der den zanck
ſeiner nachgelaſſnen Erben nicht verhü=
tet hett / werdē wir aus heiliger Schrifft
bericht / das er die Warheit ſelbs ſey / vñ
in ſeinem mund nimer kein betrug geſun
den / ſo hab er auch nie geredt / das wider
jn ſelbſt were / vnd jrthumb vnter den ſei
nen angericht hette / wie der Teufel Apol
lo zu Delphis mit ſeinen oraculis thet.

Wöllen wir aber ſagen / er hab nicht
deutlich vnd verſtendiglich gnug geredt /
Sondern ſeinen Leib vnd ſein Blut vns
im Teſtament verſprochen / vnd zuge=
ſagt / Aber das ſelbig nicht von hertzen
gemeint / oder mit der that bewieſen / vnd
alſo auff gut Zwingliſch viel geredt / aber
wenig gehalten / Würde dem Herrn Ch=
riſto fürwar ſehr vnrecht geſchehen / deñ
alles das er vns zugeſagt / hat er volköm=
lich vnd reichlich gehalten / denn in jne

allein iſt die fülle aller Güter. Solt
er aber ſeinen Erben im Sacrament ha=
ben eingeſetzt/ das jn̄ nichts anders nütz
werde/ den̄ das ſie ſich darumb zenckten/
vnd viel jrthumb damit anrichten/Das
were die aller gröſte Gottsleſterung/ die
weil er aus hertzlicher lieb gegen vns/den
todt auff ſich genomen / vnd derhalben
vns für ein gewiſſerung/aller ſeiner Gü
ter/ohne betrug das Sacrament des Al=
tars/ zu einem Teſtament eingeſetzt/ vn̄
das ſelbig zu genieſſen vnd zu brauchen be
befohlen.

Das nun an Chriſto gar kein mangel
oder fehl gefunden werde/ wöllen wir hö=
ren/ was die Schrifft dazu ſag / Job 9.
Gott iſt weis vnd mechtig/ Wem iſts je
gelungen / der ſich wider jn gelegt hat.
Pſalm/145. Der Herr iſt gerecht in al=
len ſeinen wegen / vnd heilig in allen ſei=
nen wercken. Jerem. 10. Der Herr iſt
ein rechter Gott. Pſalm. 89. HERR
Gott Zebaoth/wer iſt wie du ein mechti=
ger Gott? Vnd deine Warheit iſt vmb
dich her. 1. Corin. 1. Gott hat vns Chri=
ſtum

stum zur Weisheit vñ zur Gerechtigkeit
gemacht/Math.22. gebẽ jme seine Feind
die Phariseer zeugnis vnd sagen /Mei=
ster wir wissen das du warhafftig bist/ vñ
lerest den weg Gottes recht / vnd du fra=
gest nach niemand. Johan.8. So jr blei=
ben werdet in meiner rede/so seid jr meine
rechte Jünger /vnd werdet die warheit er
kennen/ vnd die Warheit wird euch frey
machen.

JTem am 14. Jch bin der Weg/ die
Warheit vnd das Leben. Vnd am 16.
Dein Wort ist die Warheit 1.Timoth.
6. Gott ist selig vnd allein Gewaltig. 1.
Petri 11. Er hat nie gesündiget ist auch
kein Betrug in seinem Mund gefunden
worden.

AVs diesen vnd dergleichen Sprü=
chen lernen wir/ was der Lserer für ein
Man sey/ nemlich/ Warhafftig/ gütig/
allmechtig/ etc. Der kein Zweiffelrede/
sondern die lauter warheit heraus sage/
ohn das es daran fehlt/das viel der klaren
hellen warheit nicht gleuben wöllen. So
viel von der ersten gelegenheit des Testa=
C   ments/

ments / was den testatorem vnd causam
efficientem belangt.

Die form aber vnd weis der wort /
die er dazu gebraucht / sind an jnen selbs
deutlich vnd verstendiglich gnug / vnd so
viel verstendlicher klarer vnd heller / je
wichtiger die sach an jr selbst ist / Denn
dieweil es sein eigen Leib vnd Blut ge=
kost vnd golten hat / welchs gewislich ni=
cht geringe Schetze sein / so hat er deste
wichtigere / verstendlichere vnd gnugsa=
me wort dazu gebraucht.

Vnd zu mehrer versicherung / hat er
solche Einsetzung vnd wort des Testa=
ments / nicht allein in beysein der Apo=
stel / als geforderte Zeugen / eröffnen vnd
darthun wollen.

Sondern sie in der Bekerung Sanct
Pauli widerumb gleichs lauts / gleicher
form vnd gestalt / widerholt vnd repetirt /
des gibt jm der Apostel selbst in der 1. Co=
rinth. 11. zeugnis da er sagt / Ich habs
von dem Herrn empfangen / das ich euch
gegeben hab. Denn der Herr Jhesus in
der Nacht / da er verrhaten ward / nam er
Das

das Brot / dancket / vnd brachs / vnd
sprach / Nemet / esset / das ist mein Leib
der für euch gebrochen wird.   Solchs
thut zu meinem gedechtnis. Desselbigen
gleichen auch den Kelch / nach dem A-
bendmal / vnd sprach / Dieser Kelch ist
das newe Testament / in meinem Blut /
solchs thut / so offt jrs trincket zu meinem
gedechtnis.

Diese wort stimmen mit den Euangelisten nicht allein in worten / sondern
viel mehr in Verstand vberein / also / das
kein vneinigkeit zwischen jnen kan gefunden werden.

Vnd wil vns der Apostel Paulus leren / das wir auch auff solchen worten ble-
ben sollen / vnd keine auslegung besser
sein lassen.

Denn sie eben das wollen / vnd in
sich begreiffen / das wir in vnsern Kirchen lehren / nemlich / das vns der HErr
Christus in seim Testament aller seiner
güter vnd wolthaten vergewissert vnd
zugesagt hab / bey der versicherung / das

ef vns allen seinen waren Leib/ vnd sein
wares Blut in seinem Testament vnd
Nachtmal/ zugleich Glaubigen vnd Vn
gleubigen leiblich/ Den Gleubigen aber
allein/ leiblich vnd geistlich zugeniessen/
zu einē pfand versprochen vnd zugesagt/
hab.

In diesem stück werden begriffen/ Testa=
menti cause, formalis & materialis. Was die an=
dern stück vnd eigenschafften für sich be=
langt/ nemlich die Erben / Item glaub=
wirdige vnd gnugsame zeugen vnd trewe
fürsichtige vleissige Schreiber / Notari=
en/ dieweil an jnen kein mangel ist / auch
sich jrenthalben kein Zanck oder Hader
erhebt / so wollen wir sie kurtz vbergehen.

Von den Erben lernen wir/ das allen
Christgleubigen der Himel vnd ewigs
Leben durch das Testament versprochen
vnd zugesagt sey. Aber die vngleubigen
werden solcher Güter nicht geniessen/ ob
sie sich schon des Testaments anmassen/
vnd theilhaftig zu sein begeren.

Von Zeugen / Item von Notarien
oder Schreibern des Testaments leren
wir/

wir / das sie vns glaubwirdig vnd gewis
gnug sein / dieweil inen der Son Gottes
sein geheimnis vertrawt vn Gottes geist
selbst durch sie geredt vnd gewirckt / vnd
sie an iren vleis vnd mühe nichts haben
erwinden lassen / denn solt dem Testa=
ment etwas gefehlt oder gemangelt ha=
ben / sie hettens nicht so einhellig zu vn=
gleicher zeit vnd örten oder stedt geschrie=
ben.   Weren auch wol so gescheid vnd
fursichtig gewesen / so sie einen mangel /
irthumb / oder zweifel daran gespürt / das
sie in corrigirt vnd gebessert hetten.

Aus disen dreien vmbstenden des Te=
staments fleust *Causa finalis* das ist die vr=
sach warumb es eingesetzt sey.

Hierauff wil sich gebüren / das ich bei=
derseits Glaub vnd Bekentnis setze / vnd
mich selbst den Christliche leser offentlich
vn one schew dargebe / damit er nicht ver
furt / oder an meiner auslegung dieses
Testaments zweifelhafftig werde.

Es ist aber auch zu mercken / Das es
nicht gnug sey an eines jeden Bekentnis /
das er seinen wolgefallen nach stelt / vnd

C 3   aus

aus eignen gutdůncken die wort des Her=
ten Chriſti zerdehne vnd zermarter.

Dieweil wir denn itziger zeit gut E=
uangeliſch ſein wollen / vnd daſſelbig
von Gott den allmechtigen durch das E=
dle vnd herrlich Gefeſs/D.Martin Lu=
ther empfangen/ So wil ich bey den wor=
ten bleiben die er vns beide zuglauben vñ
zubekennen ſelbſt gelert hat/ vnd meinen
gutdůncken weiter nicht nachgehen/denn
das iſt der Chriſtlihen Kirchen am ſched=
lichſten geweſen/ hat auch ſo viel Secten
vnd Irrthumb gemacht/ das ein jeder
ſein gutdůncken vber einen jeden Artickel
Chriſtlicher Lehr hat ſetzen wollen / So
er doch die gabe/ die Schrifft auszulegen
nicht gehabt.

Derhalben ich mit allen Chriſtglaubi
gen Gottsfurchtigen Lerern vñ Chriſten
glaub vnd bekenne / Das alles das jenig
ſo Vns in dieſem Teſtament vnd letzten
willen vnſers Erlöſers vnd Seligma=
chers Chriſti Iheſu zugeſagt / verſpro=
chen / verheiſſen / vnd verſchrieben iſt /
nach laut vñ Ausſag der bloſſen doch thee
tigen

eigen vnd krefftigen worten ohne alles
Menschlich ab oder zuthun / zuglauben
sey / bey verlust meiner Seelen heil vnd
seligkeit / vnd das alles so der heilig vnd
gros Apostel Paulus / sampt andere der
Christlichen Kirchen gottsfurchtige reine Lerer daran ausgelegt / nicht anders
zuuerstehen vnd zuglauben sey / denn wie
die klare helle vnd vnwidersprechliche
wort an sich selbst sein vnd lauten / ausssprechen vnd verheissen. Nemlich / das
vns armen / elenden vnd sterblichen menschen / im Nachtmal CHristi / sampt den
Brot vnd Wein / sein Leib vnd Blut
warhafftig / ohne alle irrunge vnd einrede / beide Glaubigen vnd Vnglaubigen /
nach art vnd natur aller Sacrament gereicht werden / niemands ders anderst holen vnd brauchen wil / ausgeschlossen.

Aber mit dem vnterscheid / das die
Vnglaubigen vnd Gotlosen derē güter /
so vns darinnen zugesagt vnd versprochen / nicht geniessen / von wegen ires Vn
glaubens ohne alle Vrsach vnd Schuld
des Leibs vnd Bluts Christi / die Gläu

bigen aber von wegen der vnausſprechti=
chen gůte vnd liebe des Vatters / Jtem /
des verdienſts des Sons / one zuuerſicht
vnd vertrawen jrer ſelbſt guten Werck /
alda holen die gaben vnd krafft des Sa=
craments / als verzeihung der Sunden
vnd ewigs Leben.

Vnd zu einem grundlichern vnterricht
mus ich dieſe Confeſſion erkleren / Dar=
umb ein jeder Chriſt in dem Nachtmal
des Herrn drey ſtuck merckē ſol / das erſt /
das er lerne vnd gedencke was das ſey das
er im Abendmal ſichtbarlich vñ leiblich=
en empfinde vnd ſehe / Nemlich nichts an=
ders deñ Brot vnd Wein / welches Brod
vnd Wein bleibt / vnd in kein ander Sub
ſtantz / materi oder weſen verwandelt
wird.

Zum andern ſol er wiſſen / das er nach
geſprochnen worten der Einſetzung des
Nachtmals nicht ſchlecht Brod vñ wein
wie ers vor ſich ſehe vnd empfinde / Son=
dern aus krafft Göttlichs Worts / welchs
nicht liegen kan / den waren Leib vnd das
ware Blut vnſers Herrn Jheſu Chriſti /
neben

nebē/ sampt oder vnter dē brot vñ Wein
vns vnbegreiflicher/aber Chꝛiſto begreif
licher müglicher weis mit dem mund empfahe/er ſey gleich gleubiger oder vngleu
biger.

Der gleubig zu ſeinem nutz vñ fromen/
der vngleubig zu ſeinē groſſen ſchaden oder gericht wie der Apoſtel S. Pau. ſagt

Zum drittē das er auch lerne verſtehen
das Chꝛiſti güter denē/ ſo nicht allein ſei
nen Leib mit dem Mund/ ſondern mit
Mund vnd Hertzen zugleich/ Item ſein
Blut nicht allein mit dem Mund/ Sondern mit demmund vñ hertzen zugleich/in
ſtarcken feſten glauben empfahen / zuge
ſprochen vnd zugeeignet werden / vnd das
alle die ſenigen ſo nicht gleuben ob ſie ſchō
alle tag des Leibs vnd Bluts Chꝛiſti leiblich genoſſen/ der verheiſſung Gottes von
wegen Chꝛiſti / nicht theilhafftig werden.

Das iſt der will vñ bekentnis des Sons
Gottes ſelbſt/ der heiligen Euangeliſten
der liebē Apoſtel/ der heiligē vñ gotſeligē
Lerer in der Chꝛiſtlichen kirchē/deren her
nach ſol gedacht werden/vnd darauff wil

ich

ich auch sampt allē Chriſtgleubigen men
ſchen beharrē. Hiegegē ſtellen vnſer Wi
derſacher die Zwingliſchē ein bekentnis/
dieſem gantz vnd gar nit gleich/viel weni
ger der einſetzung Chriſti eben formig /
dēn ſie ſagen vnuerſchempt/Chriſti wort
ſollen nicht ſchlechter weis ohne ſundern
verſtand gegleubt vnd ausgelegt werdē/
Denn das er ſagt / Nemet hin vnd eſſet/
Item / nemet hin vnd trincket / das iſt
mein Leib vnd Blut etc.

Sey nicht von ſeinen waren Leib vnd
Blut zuglauben / Sondern vom Brot
vnd Wein allein / welche den Leib vnd
das Blut Chriſti / ſo vom Nachtmal
ſeint / nur bedeute / Hab alſo Chriſtus
mehr verheiſſen denn gehalten / anderſt
geredt/ anderſt gemeint / bloſſe wort geſetzt / mit ſchwerer deutung vnd ausle-
gung/ vnd die ſelbigen den Schwermern
zu gloſiren gelaſſen. Jetzt kan ein jeder
mercken in welchen eigenſchafften oder
ſtücken des Teſtaments ſie jrren vnd anderſt denn wir gleuben/denn was den Te
ſtirer die Zeugen/ Erben / vnd Notarien
zelangt / das ſonſten die Dialectici caus

sam efficientem vñ finalem nennē/streit
ten sie nicht wider vns/aber die wort wie
sie heissen / wie sie lauten/ vnd was sie in
sich begreiffen formalem causam et ma
terialem / die verleugnen sie / vnd sind
inen zu wider/so viel sie können.Was sie
nu für behelff hinzu suchen / das wöllen
weiter hören.Für das erste suchen sie fast
aller wort / in sonderheit eigne deutung
vnd auslegung / denn da mus das wört
lein JST/ daran/vnd sich lassen erkle
ren/ Bald gerahten sie an die wörter/
Brot vnd Wein. Andere martern die
wörtlein Leib vñ Blut/ etliche zerbrechē
sich / an den worten Luce des Euangeli
sten / das ist der Kelch des newen Testa
ments in meinen Blut/etliche suchen en
derung der wort / welchs für euch gegebē
vñ vergossen wird.Vñ ist also ein stetigs
nachgrübeln vnd auslegen/ damit ja der
Teufel das Testament vmbstics/vnd die
Bottschafft durchsteche vñ zu nicht mach
tc. Wehe aber denen so sich dazu brau
chen lassen/vnd des Teufels Werckzeuch
sein wollen/ es were inen besser sie weren
nicht geborn.   Das

Das aber ein Chriſt merck vnd gründ
lich verſtehe / wie ſie mit der Schrifft
vmbgehen/wie vol kunſt inen der Bauch
ſtecke / vnd wie ſie ire köpff an den Chriſ-
ſto zerlauffen vnd zerſtoſſen müſſen / wil
ich ire auslegung erzelen.

Wiewol ich nicht ohn ſondern eifer
vnd verwunderung thun kan / denn es iſt
nicht ohn / wo jm ein glaubiger Chriſt
recht nach ſinnet/das er in gros bekům-
mernis fall / vnd ein ſonderlich mitleiden
mit ſeinem CHriſto hab / als dem ſeine
wort / ſo mancherley wir ausgelegt vnd
zerbrochen werden.   Denn da Chriſtus
ſaget zum Brot / Das Brot iſt mein
Leib / So ſagen die Zwingliſchen nein
dazu/denn es ſey nicht ſein Leib/ ſondern
es bedeut ſeinen Leib.

Da erhebt ſich denn ein ſtreit zwiſchē
Chriſto vnd dem Teufel. Chriſtus ſagt
Ja/der Teufel Nein / lieber welchen iſt
erſt zu gleuben?   Das kan jederman er-
achten/Chriſto ſey mehr zuglauben denn
dem Teufel. Vrſach iſt dieſe.

Chriſtus iſt ein Vater der Warheit/
er kan

er kan vnd wil nicht liegen / darzu ist er
allmechtig / er kan wol zu einem subiecto
das ist / zu einem ding sagen vnd setzen.
Zwey predicata/das ist/er kans wol zwei
erley auff einmal nemen / als da er sagt/
das ist Brot/vnd mein Leib. Item/die=
weil es jm ein ernst ist gewest vnd viel
daran gelegen/so wöllen wir steiffer vber
denen worten halten.

Den Teufel aber wöllen wir faren
vnd einen Lügner sein vnd bleiben las=
sen. Denn er ist ein Vater der lügen/vnd
kan nicht denn liegen / dazu dieweil er
sicht/das jm das Testament grossen vñ
mechtigen schaden thut / mus er sich dar=
wider legen / vnd seine Diener an stadt
der aller scheinbarlichsten Theologen er=
wecken/ die seine Partey vnd lesterhan=
del verteidigen / denn wie wolten sie son=
sten so viel Volcks an sich hengen vnd
verfüren / wo sie nicht vor der Welt ei=
nen schein für geben.

Das sie aber sagen/Christus hab den=
noch bisweilen anderst geredet denn ge=
meint/ als da er sagt / So jemand sein

Aug

Aug oder Fus am Reich Gottes hindert/
der reis jn aus vnd werff jn weg. Denn
er habs so nicht gemeint / das man sich
am Leib verlassen sol / dieweil es denn
vor der vernunfft nicht lauten wil/ mus
man andere auslegung haben.

Vnd sehen nicht / wo man sie suchen
mus/nemlich/ wo sie sich vns selbst in die
hand hand geben/vnd fürtragen/oder son
sien in die Schrifften gefunden wer=
den.

Das sie aber das wörtlin IST/
anders erkleren (wie sie sich die erklerer
rhümen)haben sies keinen grund noch be=
fehl in der gantzen H. Schrifft/aber in
jren spitzigen köpffen/ vnd hoher niderlen
discher Calumnischer kunst/ finden sie ein
ander auslegung des wörtleins IST/
Welche der gelert Aristoteles in seiner
Dialectic / noch Priscianus in seiner
Grammatic nie gefunden hat/das es solt
als viel heissen als bedeutē oder bezeichnē.

Demit wirs aber recht verstehen/ so
heist es in allen Sprachen / etwas das
für sich selbst eigentlich vnd wesentlich in
seiner

seiner eignen substantz ist / vnd nicht ein
anders bedeut.

Solchs lernen wir aus Prisciano vnd
andern Grammatiken / Ja aus der H.
Schrifft selbst.

Vnd also leg ichs auch aus / da ich zu
Heidelberg / Zürch / Basel / oder anders-
wo auff der hohen Schul gestanden were / hett ich vieleicht ein andere auslegung
vnd erklerung dieses wörtlein gelernt.

Also gehen sie auch mit den andern
wörtern vmb / als da Christus sagt / das
ist mein Leib / Item / das ist mein Blut.
Sagen sie / Ob wir wol das wörtlein
IST / in seinen rechten Verstand zu-
liessen (wie sie es denn zulassen müssen)
So sind doch die wörtlein / Leib vnd blut
nicht von seinem waren Leib vnd Blut
zuuerstehen / sondern von den zeichen seines Leibs etc. Vnd machen also mit diesen lesterreden ein schein / vngethümb / o-
der Poltergeist aus den Leib Christi / als
der da zugegen im Nachtmal sey / vnd
vnd doch nicht warhafftig.

Wie man möcht sagt von einē verstor
benē / welches leib warhafftig in der helle

aber sein Geist hie auff Erden were.

Da sie hören das solche auslegung auch nicht klingen wil / geben sie für / der Herr Christus hab gesagt / das sey sein Leib vnd Blut / Welche zukünfftig für sie solten gegeben vnd vergossen werden / dieweil es denn noch nicht vor der Einsetzung geschehen / vnd die Jünger nicht seines Leibs / sondern des Brots allein genossen / denn sie jn nicht bald angefallen vnd zerrissen haben. So folgt es / das wir noch heutigs tags nur Brot vnd den Leib Christi nicht essen / oder nur Wein vnd sein Blut nicht trincken.

Solche einred ist antwortens nicht werth / so ist auch der kein Christ / der sich solcher rede darff hören lassen / denn sie fliessen aus keinen Glauben / sondern allein aus einem Weltweisen spitzigen kopff / der da meint / es mus mit dē Nachtmal zugehn wie es jm gut deucht.

Dennoch faren sie fort / jr Vernunfft vnd gedancken mit Schrifft / zuuerteidigen / Derhalben mus der gute Paulus mit gewalt Zwinglisch werden / damit

sie

fie fich feiner autoritet behelffen können.
Das aber Paulo vnd vns nicht vnrecht
geschehe/so wollt wir hören was er darzu
sage/denn er hett auch zwispalt von des
HERRN Nachtmal in seiner Kirchē/
aber er richt vnd stelt sie bald mit seiner
Lehr/da er sagt/Der gesegnte Kelch wel
chen wir segnen/ist der nicht die Gemein
schafft des Bluts Christi? Das Brot
das wir brechen/ist das nicht die Gemein
schafft desleibsChristi?Deñ ein brot ists
so sind wir viel ein Leib/dieweil wir alle
eins Brots theilhafftig sind.

Den Spruch meinen sie/solt jnen
ir Schwerwerey verteidigen/gleich als
wer Paulus auch ein Sacramentschwer
mer. Darumb hör seine rechte vnd na
türliche auslegung/vrsach vnd gelegen
heit/warumb jn S. Paulus gesetzt/So
wirstu mercken auff welcher seiten er sey/
vnd mit wem ers hab mit Christo/oder
mit den Sacramentirern.

Paulus hatte in seiner Kirchen ver
mischte Leut/nemlich/Heiden vnd Chri
sten/denn es war noch eine newe Kirch
D   bey

bey inen zu Corinth. Derhalben da er ver
merckt/das etliche jetzt gut Euangelisch/
bald Heidnisch sein wolten/vñ also vnbe
stendlicher weis beyden Secte anhirngt.
dazu eben so wol der Heidnischen opffer/
die sie den Jüden abgelernt hetteñ/ ge
brauchten/als des Nachtmals des Her
ren/Da müste er ein predigt dauon thun
vnd sagen/das die des HErrn gesegne
ten Kelch/vnd des gebrochnen brots ge
nossen/die hetten gemeinschafft mit dem
Leib vnd Blut Christi / vnd nicht mit
dem Teufel/Dieweil aber Christus vnd
der Teufel einander zuwider seind/sey es
vnmüglich inen beiden anhangen vñ jret
gemeinschafft brauchen.

Hie dringen sie auff das wörtlein Ge
meinschafft/vnd wollens nicht ein leibs
hafftig geniessung oder theilhafftigkeit
des Leibs vnd Bluts Christi sein lassen.
Denn sie leren/so jemand des Leibs vnd
Bluts Christi gebrauch vnd geniesse/so
könne er nicht verlorn sein/sondern mus
selig werden/vnd das ewig leben haben.
Darumb ist inen der Leib vnd Blut Ch
risti/

risti/vnd der Himel ein ding. Aber hie
nus man mercken / das es viel ein ander
ding sey den Leib Christi essen vnd sein
Blut trincken / vnd das ewig leben erben
vnd besitzen/denn der Leib vnd das Blut
Christi ist in den vngleubigen / weit ab=
geschieden von dem Himelreich/ denn die
weil wir den Himel durch den Glauben
allein vberkomen vnd erlangen / So wie
derfert er vns nicht durch das essen vnd
trincken im Nachtmal / als durch das o=
pus operatum oder gute Werck an sich
selbst/So denn das Essen vnd Trincken
den Vngleubigen widerfaren kan/ vnd
sie doch das ewig leben nicht haben / so
mus es ja viel einander ding vmb den
Leib vnd das Blut Christi sein / denn
vmb das ewig leben. Das wil Augu=
stinus auch leren / da er die Sacrament
vnd ir tugend / wirckung oder krafft vn=
terscheidet. Vñ das betreugt Zwinglium
das er glaubt/das Nachtmal Christi / vñ
das jenig/so vns darinnen zugesagt/nem
lich verzeihung der Sünden vnd ewigs
Leben / sey ein ding / Darumb argu=

mentirt er also / Dieweil die Gottlosen
des Leibs vnd Bluts Christi geniessen/
so müssen sie auch selig sein.

Nun sind sie aber nit selig/so haben sie
auch am Himel keinen theil/darumb kön
nen sie des Leibs vnd Bluts Christi ni=
cht theilhafftig werdē oder geniessen.

Darumb mus Paulus komen vnd sa=
gen / nein Zwingli / es hat nicht die mei=
nung/das der Leib Christi/ das ewig Le=
ben selbst sey/das ist/das die substanz des
Sacraments / sey auch desselbigen krafft
vnd wirckung/Sondern sie sind zwey vn
terschiedne ding / dẽn die gleubigen vnd
vngleubigen können zugleich des Leibs
Christi geniessen / aber sie bekomen dar=
umb den Himel zugleich nicht.

Darumb sagt er / ist nicht das Brode
das wir brechen/Item der Kelch den wir
segnen/ die Gemeinschafft vnd theilhaff=
tigkeit des Leibs vnd Bluts Christi/ als
wolt er sagen / durch die eusserliche zeichē
empfehet man gewislich den Leib vñ das
Blut Christi/ Er saget aber nicht/es sey
ein Gemeinschafft des ewigẽ Lebens/
beide

beide gleubigen vnd vngleubigeu.

Das bezeugt er selbst da er hernach im
11. Cap. 1. Cor. sag t/ Welcher Vnwir=
dig von diesem Brot isst/ oder von dem
Kelch des HERRN trinckt/der ist schül=
dig an den leib vñ Blut des HERRN/
vnd isset vnd trinckt im selbs das Ge=
richt. Hie bezeugt Paulus/ das die Vn=
gleubigen/ so des Brots oder leibs Chri=
sti geniessen(denn Paulo/Brot vnd leib/
Wein vnd Blut/ Abendmal vnd Tisch
des HERRN alles ein ding ist) des Hi=
mels nicht theilhafftig werden/ darumb
müssens zwey vnterschiedne ding sein.

Vnd ist sich zuuerwundern/ das der
gemein Pöfel der Zwingler/ fürgibt/
Paulus hab vom Brot im Nachtmal ge=
redt/vnd nicht vom leib Christi/darumb
sey es schlecht Brot etc.

Aber ich darff nicht viel verwunderns
treiben ober denen die da faul vñ vnfleis=
sig in iren studiis sein/das sie so grob vnd
vnchristlich dauon reden / denn sie haben
nicht so viel studirt/das sie wüsten/Pau=
lus redet auff mancherley weise vom
Nachtmal. D 3 Dar=

Darumb ob ers schon/ Brot/ Kelch/
Wein/etc. nent/ ohne das gedechtnis des
leibs oder Bluts Christi / So mus man
dennoch nicht gedencken / er rede nur von
schlechten Brot vnd Wein/ oder von
schlechtem Zwinglischen zeichen.

Denn solten schlecht Brot vnd Wein/
ohne gegenwerd des Herrn Christi vns
seines waren leibs vnd bluts theilhafftig
machen/ so dürffte ich nimermehr zu des
Herrn Nachtmal gehen / dorfft auch nicht der wort der einsetzung gedencken/deñ
sie seind so krefftig das sie nicht zugeben/
das Brot vnd Wein schlecht Brot vnd
Wein bleiben/ohne beysein des leibs vnd
Bluts Christi/ Sondern ich wol ein meinem Hauß daheim vber Tisch eben so
wol des leibs vnd Bluts teilhafftig wer-
den/ als in des HErrn Nachtmal.

Dieweil es aber vnrecht vnd vnchristlich ist/so heist ers gesegneten Wein/oder
Kelch/vnd gebrochen Brot/ denn ers zu
seiner zeit brach/wie etliche noch thun.

Darumb wil er vns lehren/ wenn zu
Brot vnd Wein der segen/das ist das ge-
detht

dechtnis des Nachtmals kome/denn son=
sten/darff es keins segens/es ist vorhin võ
Gott alles eheiligt vñ gesegnet)so macht
es des leibs vnd bluts teilhafftig/ alle die
sich darzu finde/vñ des gebrauchẽ wölle:
Das solchs der verstand seiner wort sey /
wirt durch drey argumẽt bewert.Erstlich
das er/ die des leibs vñ blut Christi durch
den brauch des Nachtmals genossen het=
ten/ vnd doch sich den Heidnischẽ gebreu
chen zugesellen/widerholt vñ erinnert sie
irer teilhafftigkeit / geniessung / gemein=
schafft vñ brauch des leibs vnd bluts Chri
risti.   Zum andern das er sagt/ Es sey
ein Brot/ meint er nicht das eusserlich/
sichtbarlich Brot / sondern was der ver=
nunfft vnbegreifflich / dadurch gegeben
wirt/nemlich der leib Christi.

Zum dritten da er sagt / Dieweil wir
alle eins Brots teilhafftig sind / alle
sagt er/es seind gleich Glaubige oder vn=
glaubige/geniessen eins Brots / nit euss=
serlichs brots/deñ wie können wir so weit
die Christenheit reicht alle von einẽ brod
essen/ solchs zu gedencken were gar ner=
D 4   risch/

tisch/dieweil es von einem andern Brot
gesagt wird / so folgt das ohne alle jr=
rung der leib Christi solch Brot sey.

Also haben wir gehört das die lehr von
der Geistlichen speiß allein/in Paulo
kein grund hab/und welcher sie aus jm
wil probiern der macht jn mit dem Her=
ren Christo streittig und unrichtig.

Nun wollen wir das 6. Capittel Jo=
hannis/dieweil sie sich darauff beruffen/
auch besehen.   Wir müssen aber wissen
was die kurtze summa und inhalt des Ca=
pitels sey / welchs auch ein jeder Christ
hierzu holen und lesen sol.

Erstlich/das der HErr Christus fünff
tausend Man mit fünff Gersten Brot
und zweien Fische gespeist hab.   Dem=
nach sey er und seine Jünger zu Wasser
wider gen Capernaum komen / und alda
dem volck das jn suchte/von wegen seiner
Wunderzeichen / die geheimnis seiner
geistlichen speiß mit einer langen Pre=
digt ausgelegt.

Daraus klawen unser Widersacher
so viel sie können und mögen/auff das sie
das

das Volck allein einer geiſtlichen / vnd
nicht leiblicher genieſſung des leibs vnd
Bluts Chriſti zugleich beredten.

Vnd wollen alſo ein Predig vom
Hochwirdigen Nachtmal daraus ma=
chen/Von wegen etlicher Sprüch ſo dar
in gefunden / welche vom Himelbrot re=
den / als da Chriſtus ſagt / Er ſey das
Brot des lebens. Item/ Er ſey das brot
ſo vom Himel herab komen/vnd wer deſ
halben dauon eſſe/ der wird leben in ewig
keit. Item/ das Brot das ich euch geben
werde/ iſt mein Fleiſch etc.

Vnd ſolcher wahn/das es vom Abend
mal rede/hat die alten/als den lieben Am
broſium vnd andere auch betrogen.

Hirzu ſagen wir vnd geben zu / das /
wen man wil von geiſtlichen nutzen vnd
brauch nicht allein des Nachtmals / ſon=
dern aller güter vnd wolthaten Chriſti
reden vnd handlen / das dis Capitel vns
ein feine anleitung gebe.

Aber das es ſol ein volkomliche gnug=
ſame Predig ſein / die allein des HErrn
Nachtmal betreff/da ſagen wir nein zu/
D 5 aus

aus sonderlichen krefftigen vrsachen / welche wir erzelen wollen.

Die erst nemen wir a circumstantia temporis / locorū etc. Dieweil die Zwinglischen nicht einen vnterscheid der zeit vñ anderer vmbstend halten / der alten regel gemes / die da sagt / man mus die zeit recht vnterscheiden / das ist wol betrachten / zu welcher zeit vnd welches orts ein ding geschehen / geredt oder gesagt ist / so werde man die Schrifft richtig machen / vnd die sprüch derselbigen einander recht vergleichen / vñ einen durch den andern aus legen. Nun aber / dieweil sie Schrifft durch Schrifft fürgeben zu erkleren / sie reim sich mit iren vmbstendē wie sie wölle / so mus ich iren misuerstand an tag hierin geben.

So wir denn die zeit bedencken wollen / wenn der Herr Christus die Predigt des 6. Capitels Johannis gethan hab / so werden wir befinden / das sie vngefehrlich der Euangelischen historien nach / im ende des ersten oder anfang des andern Jars / des Predigampts Christi gesche
hen

hen ist/ Die Einsetzung aber des Nacht-
mals/ im dritten vnd letzten Jar/ oder
viel mehr des nechsten tags vor seinem
rodt/ Hieraus las ich dich schliessen/ wie
vngeschickter/ vngereimbter grober weis
dem HErrn Christo zugemessen wird/
das er von seinem Abendmal solt gepredigt haben/ ehe ers eingesetzt hette/lieber
meinstu auch dz seine Jünger/geschweig
die von Capernaum solche predig von
seim Nachtmal verstünden? nein in keinem weg nicht/denn es war den Jüngern
noch ein frembd ding/ auch zu der zeit der
Ostern/soltē sie es denn itzt verstandē ha
ben.

Dennoch mus CHRistus wie alle
Zwinglische sagen/ ein blind Predigt on
allen verstand seiner zuhörer gethan ha-
ben/ Item sein Testament ausgelegt/ ehe
ers hab eingesetzt/vnd also die predig ge-
than/ vnd den Text vber zwey oder drit-
halb Jar hernach allererst gelesen/ das
mus mir ein wunderlicher seltzamer
Prediger sein/ vnd ein Vnuerstand
von CHRISTO als der kein ord-
Q.iij   nung

nung in seinen Predigen halt / aber die
Zwinglischen müssen vnrecht haben.

Desgleichen er weis die vmbstend des
orts / dieweil er nur das geistlichen essen
zu Capernaum / aber das leiblich zu Je=
rusalem gepredigt vnd eingesetzt hat. Da
zu hat er das Osterlamb zu Capernaum
noch nicht gessen / Sondern allererst zu
Jerusalem. Dieweil denn Christus die
Jüdisch Ceremoni mit den Osterlamb
noch nicht dazumal auffgehoben hett vnd
selbst volende / da er das sechst Capitel
Johannis Predigt / So hat er gewislich
kein newe Testament vor der auffhebung
der alten Ceremonien auffrichten wöl=
len.

Zum andern ist mir beweis gnug / das
der HErr Christus von seinem Nacht=
mal hierin nicht gentzlich vnd allein ge=
predigt / Dieweil es beide die Zwingli=
schen vnd Bepstischen / in verteidigung
jrer ler / die einader gantz vn gar zu wider
sein / anziehen. Vnd ist am sichersten di=
ses Capitels / in gedechtnis des Nacht=
mals gar müssig gehen / dieweil beide par
tey

they jr Jrthumb daraus probiren wollen.

Die Zwinglischen jr geistliche speis
vnd geniessung des Nachtmals/die Bepstischen aber jre verenderung der substantz
art vnd eigenschafft des Brots.

Zum dritten / dieweil sich denn keine
partey gnugsam daraus richten kan/ vnd
jres Jrthumbs los werden ohne die wort
der einsetzung/so wollen wir bey denselbigen bleiben/ die Predigt für sich als ein
auslegung / allee geistlichen güter stehen
lassen/ vnd ein jedes an seinen ort setzen/
Vnd die Schrifft / so nicht in allen oder
sonderlich in fürnembsten stücken vberein stimpt/ nit mit gewalt zusamen zwingen wie die Zwingel thun.

zum vierdten/ dieweil er nicht eigentlich
de partib. substantialibus/das ist/von allen stücken so zum Nachtmal gehören/
sagt/ als von eusserlichen Brot vn wein/
von seinen selbs eignen Leib vnd Blut/
Item von verkündigung seines tods etc.
Sondern allein von geistlichen nutz vnd
brauch seiner gaben / die er vns nicht allein

lein im Nachtmal verheist / sondern an
andern orten auch zu sagt vñ mitteilt / so
konnen wirs für kein Nachtmals predigt
halten / sonsten müste die gantz Bibel al
lein jmer vom Nachtmal reden vnd pre=
digen. Zum fünfften wers gar wider Chri
ristum vnd Paulum gehandelt / dieweil
sie alle beide leren / es sey das Nachtmal
nicht allein ein geistliche / Sondern auch
ein leibliche speis / vñ wundert mich auffs
höchst / wie die Bepstischen mögt jr trans=
substantiation / mit dem Cap. verteidigē
dieweil es allein von geistlicher speiss sa=
get.

Zum sechsten / zeugts die Predigt an
jr selbst / das sie nicht vom Nachtmal re=
de / sondern von der geistlichen speis / wie
Philippus in Johannem Crucigeri sagt.
Welche die gleubigen nicht allein im
Nachtmal / sondern auch in predigen ler
vermanen vnd andern Christlichen gu=
ten wercken empfinden / denn das heist al=
les geistlich gespeist werden.

Denn also sagen die Sprüch so drinnē
begriffen werden / Ich bin das Brot das
vom

vom Himel komen ist/ Item/der Geist
ists/der da lebendig macht/ Das Fleisch
ist kein nütze/die wort die ich rede die sind
geist vnd sind leben.

Aus dem ersten spruch verstehen wir klar
dz er nit von seinem leib vnd blut predig/
Darumb er saget / er sey das brot das vō
Himel herab kome. Nun ists allen Chri
sten wol bewust / das er sein fleisch vnd
Blut hie auff Erden von der Jungfraw
Maria an sich genomen/ Derhalben re
det er von der krafft seines fleisches / vnd
desselbigen geistlicher geniessung/die al
lein vns vom Himel/ das ist / geistlichen
widerfert.

Also viel sagt auch der ander Spruch/
Der Geist ists etc. nemlich / das vns die
geistlich speis vnd nützung des Sacra
ments wird angezeigt/so ist gewislich das
Fleisch in den vnglaubigen nichts nütz/
das ist ir essen vnd trincken das sie thun/
gedeiet in nicht zum ewigen leben / Son
dern das wort vnd verheissung thüts al
lein/ So das wort nicht von einem Men
schen ergriffen wird / so ist jm das Essen
des fleischs nichts nütze.   Dar

Darumb Predigt vns dis Capitel allein de causa finali/wir aber redē vnd zancken vns jetzt de materia.

So viel haben wir gehört/ was sie aus der H. Schrifft bringen/ welche eigentlich zur Disputation gehört/ vnd von der substantz des handels ist.

Dabey aber lassen sie es nicht bleiben/ Sondern zihen vnd dehnē herzu alles/ was sie finden/ es reime sich oder reime sich nicht/ Item/ es sey vom Sacrament des Altars gesagt oder nicht/ vnd erregen dadurch vieler hertzen gedancken dahin/ das sie mehr am Nachtmal zweiueln/denn daran gleuben/ dieweil denn vil daran gelegen/ vnd schaden mit einer Kurtzen erinnerung vnd auslegung derselbigen/ zuuerhüten ist/ wöllen wir sie jedermenniglich zum besten vbersehen.

Also stehet geschrie,ben/ Johan. am 16. Ich bin vom Vater ausgangen vnd komen in die Welt/ Widerumb verlas ich die Welt vnd gehe zum Vater.

Dieser Spruch/ ob er wol von jnen auff die Bahn gebracht wirt/ als wolten

sie

sie blosse zeichen aus Brodt vnd Wein
machen/vnd vns vnsern Christum entzie
hen / als were er in der gantzẽ Welt nicht
zu finden/geschweig im Abendmal / So
ist er doch dem Nachtmal nicht zu wider/
denn da er zum Vater gehn wil/ vnd die
Welt verlassen / zeigt er an er müsse lei
den vnd sterben / vnd also aus der Welt
gehen/ das man jn nicht mehr sehe/in ei
ner armen vnd verechtlichen gestalt/son
dern er mus einmal vnserm augen ent
zuckt sein / vnd die eusserlich Welt ver
lassen/das ist/den lauff seines Lebens vol
lenden / vnd also nicht mehr in den sterb
lichen leib stecken.

Sondern zum Vater gehen da er her
komen sey/das ist/sich der herrligkeit vnd
Maiestet annemen / die er ein zeit
lang verbergt/ vnd forthin bey seinem
Vater sein / welcher Himel vnd Erden
erfület / vnd vnbegreifflich ist/also werde
er der Son gleicher massen alles erfüllen
vnd vnbegreifflich sein.

Folgt derhalben nicht daraus/das Ch
ristus die Welt gantz vnd gar verlassen
E   hab/

hab/ vñ seiner zusag das er sich im Nacht
mal vns erzeigen wölle/ vnmechtig sey.

Dan es ist Christo Himel als Erden
ein Land als das ander / es ist bey ihm
kein Thür oder verenderung der sted oder
örter / Er erfült sie gleichsam alle mit
einander / darumb das Er vns gleich
sam alle lieb hat / vnd bey vns allen sein
wil / damit nicht der nechst oder förderst
bey ihm einen vorzug für den andern het
te / wie etwan die Bepstischen von ihrer
Maria getreumt haben.

Item da er sagt / die armen habt ihr
allezeit / aber mich habt ihr nicht alle
zeit / Nimbt seinem Nachtmal nichts
gibt ihm auch nichts / denn es ist gahr ein
andere predigt/ Darzu wolt er anzeigen/
er würdt ein mal verklert vnd mechtig
werden vnd nicht mehr arm sein / wie er
sich selbst beklagt / Vber das gebens die
vmbstend nicht / das er sich vns gahr ent
zihen vnd im Nachtmal nicht entgegen
sein wölle.

Vnd müste mier warlich ein armer
Christus sein / der imerzu auff erden bey.
vns

vns in so grosser armut vnd elend wonen
solte. Also wolt ich mir des Christus nit
wündsche/deñ er wer vns nicht nütz/dar
umb must er sein armut ablege/vnd sich
seiner Gottheit anmassen/da er nu in sei
ner Gottheit ewiger herrligkeit vnd Ma
iestet ist/vñ sampt seine Vater regiert/
Ist er gewislich nit mehr in vnser armen
bettelgestalt auff diser erden wie vorhin.

Was aber hiedurch dem hochwirdigen
Sacrament solt benomen sein/ das kan
ich nicht finden.

Man find aber dennoch Schreyer die
da sagen/es steht geschriebe/Das fleisch
ist kein nütz/der Geist ists der da lebendig
macht. Diser spruch wie oben gesagt/ni
met dem Sacramet nichts/so ist er auch
dauon nit gesagt/wollen wir jn aber zum
Nachtmal brauchen/so wird vnser Lehr
vñ meinung vom Nachtmal nur dadurch
gesterckt/deñ da sie sage/es sey wider die
Schrifft/das ein vnglaubiger den Leib
vnd das Blut Christi solt empfahen/ohn
den nütz/ krafft vnd frucht desselbigen/
da sagt CHRistus ohn das Geistlich
E 2   essen

essen / welchs mit dem glauben geschicht /
sey das mündlich essen des fleischs nicht
nütze / Sondern der Geist vnd krafft deß
selbigen mus lebendig machen.

Also ist auch der Artickel des Christli=
chen glaubens / da wir sagen vnd bekens=
nen / Christus sey auffgefaren in die His=
mel / vnd sitzt zur rechten Gottes seines
Himlischen Vaters / dem Testament
Christi nicht zuwider. Denn / wie vor ge=
sagt / Da der Herr Christus nicht auff
in die höhe vnd ewige herrligkeit gefaren
were / So were er vns nichts nütze / vnd
kont auch seiner mēscheit nach im Nacht=
mal nicht allenthalben sein / denn er hett
noch einen sterblichen vnuerklerten leib /
welcher nicht zuuor an vielen orten auff
einmal sein künd / darumb er sterben / ei=
nen verklerten Leib an sich nemen / vnd
sich zur rechten Gottes setzen / das ist /
gleicher Gott sampt seinem Himlischen
Vater sein müste / damit er sich vns sei=
ner Gottheit vnd Menscheit nach / im
Sacrament mitteilen künd.

Dar=

Darumb/wo er nicht gestorben were/
vnd nach seinem todt von dieser Welt ge
schieden / so hetten wir vrsach gehabt an
seinem Nachtmal zu zweiffeln. Derhal=
ben sichstu das vns der Artickel nütz vnd
notwendig ist zu vnserer Lehr/als da wir
sagen/Er sitze zur rechten Gottes.

Nur / das wir jn recht verstehen vnd
auslegen/ denn zur rechten Gottes sitzen
heist gleicher substantz/macht vnd gewalt
mit Gott dem Vater sein/ derhalben
kan niemand bey Gott sitzen / denn sein
geliebster Son vnd heiliger Geist / So
sie denn bey Gott in solcher macht vnd
herrligkeit sitzen/vnd dieselbige sich nicht
allein im Himel/sondern im Himel vnd
Erden zugleich/vnd in alle geschaffne ort
erstreckt vnd ausbreit/Wie der Prophet
sagt/Erfüll ich nicht Himel vnd Erden?
vnd Dauid bekent/ der Himel sey sein
Sessel / die Erd aber sein Fuss schemel/
So folgt gewislich / das Christus der
Son Gottes/sampt seinem Himlischen
Vater / allenthalben an allen orten vnd
enden/allen vnd jedlichen zugegen sey.

E 3　　　Wie

Wie deutlich wir aber dauon reden/
so sucht dennoch die vernunfft imerzu ir
ausflucht / vnd gibt nicht zu das ihr vn=
möglich zuglauben ist / darumb macht sie
hie abermals einen vnterscheid/vnd sagt/
sölches alles werde von der gottheit der
person Christi gesagt / vnd nicht von der
menscheit / darumb sitze Christus seiner
menschlichen Art vnd Natur nach an ei=
nem ort im Himel stil / vnd faulentz alda
wie etwan die Epicurer vnd Stoici dis
sputirten.

Aber seiner göttlichen Natur nach kön
ne Er gleicher Gott sampt seinem vater
sein vnd bleiben.

Wan man sich vber sölchen gedanck
recht wil besinnen / vnd jnen nachdenn=
cken / So wirt man sehen wie lesterlich
vud teuflisch die menschen mit der schrifft
spielen / dann jnen gwislich sölche gedan=
cken von niemands anderst herkomen dañ
vom teufel einem vater aller lesterer vnd
klügler / Darumb erwege vnd betrachte
die wort recht das du dich wissest für jnen
zuhüten.

Dann

Dann erstlich dörffen sie sagen Christus sey ein zwifachter Gott / krefftig vnd mechtig auff der seiten da er Gott ist aber schwach vnd lam auff der seiten da er Mensch ist/Wo findstu aber beweis der Heiligen Schrifft / das dem also sey? Sagt nicht die Heilige Schrifft von jm / Er der gantze CHRistus sey auff in die höhe gefaren vber alle Himel / auff das Er / der gantze Christus/alles erfüllet? Item / Er sey durch die Himel gedrungen? dazu hab In sein Himlischer Vater mit ehren vnd schmuck gekrönt/ vnd zu einem HErrn gemacht vber die Werck seiner Hende/vns alles vnter seine Füss gegeben? Item/ bekent ers nicht selbst / das jm der Vater vber alles macht geben habe?

Solte nun solches von seiner Gottheit allein geredt/vnd die Menscheit aus geschlossen werden / Würde das daraus folgen/das er nit gleicher Gott/mit seinē Vater gewesen were/dieweil ers aber ist nach laut der Schrifft vnd bekentnis aller rechtschaffnen Concilien / vnd der

F 4   Vater

Vater jme doch alles vnterworffen/folgt
das es auch seiner vnenschlichen natur geschehen sey/die zuuor kein macht vber alles hette/dauon fast der gantz Psalte:
durchaus zeugt.

Was nun aus dieser induction zuschlies
sen sey/las ich dich erkennen/ Nemlich
das dieweil Christo alles ergeben vnd jme
vnterthan ist/so ist nun mehr zwischt jm
vnd dem Vatter kein vnterscheid/denn
er kan ebt so wol bey vns sein als der Va-
ter/vnd ist zuerbarmen das die so sich
Christen rhůmen/jhren Gott so gering
halten/vnd glauben er sitze droben im
Himel můssig wie ein mensch/vnd hab
also einen faulen tregen Leib der sitzen
můsse/vnd könne nicht iedermeniglich zu
gegen sein/solche Teuflische gedancken
warn in etlichen Heiden nicht/deñ Cicce-
ro verwirft in den Bůchern von seinen
Heidnischen Göttern solche Epicureer
gantz vnd gahr die da sagten vnd meinten
ihre Götter sessen im Himel můssig/vnd
nemen sich keiner menschlicher geschefft
vnd noth an.

Nun

Nun aus solchen gedncken kompt nit
allein der jrtumb dieses Artickels / sonder
andere mehr / als der einer ist / da die zwin
glische jre Kirchen lehren vnd vergewiß
sern wöllen des ewigen Lebens / vnterlas
sen sie die aller wichtigsten argument
als die zusagung vñ verheissung Christi /
sein Allmechtigkeit vñ Warheit etc. Vñ
brauchen dafür ein beschreibung des orts
vnd sted der ewigen Wonung / darinnen
martern / zerbrechen / vnd bemühen sie
sich auff das aller höchst das volck zu vber
reden / vnd wissen doch selbst in keinē weg
wo oder was derselbig ort gründlich sey /
Vñ diweil es vber der menschen vermögē
ist wie Paulus sagt gründlich dauon zure
den / so geraten sie dan in die menschliche
Vñ physicische speculation / vñ fallen also
jmerdar aus einē jrthumb in den andern.
Gedencken derhalben nicht dahin / das
beide die weltweisen Philosophi vnd die
heilig Schrifft zeugē vnd sagen / das aus
serhalb dieser welt kein leiblich sichbar
lich creatur vnd geschöpf / sondern alles
geistlich sey.

E 5   Nun

Nun wissen wir/das alle örter/ Creaturn vnd geschöpff GOttes sein / So folgt gewislich/das kein ort noch Haus/ kein vnterschiedne gebew noch wohnung/ in zukünfftigem Leben/ ausserhalb dieser Welt sey.

Dazu sagen die Philosophi (vnd ist war) das ohn ein gewisse zeit/ kein motus noch species motus/ das ist/ keine verenderung ab oder zunemens eines dings/ Item/das es keins sitzens / stehens/ oder ligens sey.

Nun da die Schrifft sagt/ Es sein für Gott tausent Jar/ wie ein Tag oder stund/zeigt sie vns an/es sey gar kein zeit noch stund / Ja gar keins nachrechnens/ im ewigen leben (vñ darumb heists ewig) denn die zeit allererst in der Schöpffung der Welt angefangen hat/ damit sie widerumb vergehen wird.

Daraus schliessen wir/es sey kein motus localis/ das ist/ keins sitzens/stehens/ oder gehens in Reich Gottes / denn das müste alles sein gewisse zeit haben. Sondern

dern es sey alles geistlich/vnd wo ein leib
ist / da könne auch der ander sein/wenn
er wolle / vnd GOtt sey alles in allen/
vnd durchleucht alle leiber vnd Seelen
viel heller / denn die Sonn die Lufft
durchscheint / vnd das es in keinem weg
also zugehe / mit den abgestorbenen vnd
verklerten Leibern in ewigem Leben/wie
es mit vnsern Leibern jetzt hie auff Er=
den zugeht / oder wie wir vns einbilden
mögen / hats denn die meinung mit dem
Reich CHristi / das wir nicht anders
denn wie wirs aus Göttlicher heiliger
Schrifft haben / vnd dennoch dunckel vñ
verblichen gnug dauon reden können.

So wollen wir vns keins wegs vber=
reden lassen / Das Reich Christi sey ein
Schloss oder Pallast/das viel Wonung
hab / darin einem jeden sein eigen Ge=
mach eingeben würd / vnnd ob wol er
selbst also dauon geredet / So müssen
wirs doch nicht also Leiblicher / son=
dern Geistlicher weis verstehen / denn
es alles im Reich CHRisti geistlich/vnd
vns vnbegreifflich ist/ welchs nicht in
                                    eusser=

eufferlichen wolfüsten/als in sitzen/faul=
lentzen/essen vñ trincken stehet/Son=
dern allein in innerlicher freude / des
Hertzens.

Dennoch ob gleich wol die gewissen
der Widersacher/mit Schrifft reichlich
vberzeugt werden/ das der Leib Christi
ein verklerter / vnbegreifflicher / geistli=
cher vnd nicht mehr grober zergenglicher
vnd treger fauler leib sey. So sagen sie/
Er müsse einen geistlichen ort haben/den
er bewone / denn gleich wie vnser Seele
ein Geist sey / vnd doch in vnser Leib er
beschlossen / also seyen auch alle Geister
beschlossen / vnd können derwegen nicht
allenthalben sein / oder alles erfüllen /
wie die Lufft die gantze Welt vnd alle hö=
len erfült.

Hierauff antwort ich jnen/ das vnsere
Seelen in vnsere leiber sein geschlossen/
das sey Gottes wil vnd geschöpff/ vnd da
sie einmal erledigt werdē /sie vnbeschlies
lich oder vnbegreifflich sein/ Daher wirt
vnser leib ein Kercker der Seelē genant.
Das auch ein gewisser ort sey / beide der
glau=

glaubigen / vnd verdampten leugne ich
gar nicht / an denſelbigen ort werden der
glaubigen Seelen / raums vnd ruhe gnug
haben / vnd nicht eingeſpert werdē. Item
die verdampten / ob ſie wol raums vnd
platz in der Hellen gnug haben werden /
So wirts jnen doch alles zu enge ſein /
vñ bekenne ferners / das nicht vnſere oder
der verdampten Seelen in der Lufft hin
vnd wider / Platoniſcher weis nach flie-
gen / Sondern ſie haben gewiſſe örter / die
der Gottſeligen Seelen nicht verſchloſ-
ſen / Sondern gern vnd freywillig be-
wohnen werden.

Es wil ſich aber nicht leiden / das des
Herrn Chriſti Leib dermaſſen auch ein-
geſchloſſen ſey / oder einen gewiſſen ort
allein innen hab / Sondern er iſt allenthalben / vnd wo er wil / Göttlicher vnd
Menſchlicher natur nach.

Vnd ſol hie ein Göttſeliger Menſch
abermals vleiſſig mercken / das alles von
Chriſto / nach der Aufferſtehung geſagt
werde / nemlich / ſein Himelfart / ſitzen
zur rechten Gottes / ewige regierung vnd
herr-

herschung/beschützung vnd bey sein seiner
Christlichen Kirchen/ vergeltung beide
böses vnd guts/widerkunfft/ vñ richtung
der lebendigen vnd todten/ das sey alles
Communicatione Idiomatum vom gan
tzen Christo gesagt/ Von seiner gantzen
Person vnd beiden Naturen/ Göttlicher
vnd Menschlicher zugleich. Denn man
mus den Christum nicht teilen noch tren-
nen/ Sondern gantz vnd bey einander
lassen. Aber die da sagen/ Christus sey
ewiger Gott mit seinem Vater/ Item/
Er sey bey vns auff dieser Erden/ vnd er-
halt sein Christlich Kirch vnd Gemein/
nur seiner Göttlichen vnd nicht Menschlichen Natur nach/die thun sehr vnrecht/
lestern Christum/vnd trennen sein Per-
son/ darumb das sie nicht wissen/ er hab
nicht mehr menschliche eigenschafften an
sich. Vrsach seind die/ dieweil so viel
herliche verheissung dē Christo zugesagt
werden/ in Psalmen hin vnd wider/ als
da er ein ewiger könig sein solt/des Reich
kein ende hat. Vnd da er ein ewiger Prie
ster genand wird/ Item/ da er selbst von
sich

sich zeugt / Er hab mach im Himel vnd
auff Erden / alles sey im von seine Vater
vbergeben / Item da er sagt / Er wöll sich
vns zu einer speis vnd tranck im Nachts
mal geben / vñ der Vater sagt / er sey sein
Son an dem er ein wolgefallen hab / vnd
keiner teilung oder trennung der naturn
in Christo gedacht / sondern vom gantzen
Christo / der beyde Göttliche vñ mensch
liche natur an sich hab / gesagt wirdt / So
nus der Teufel vñ alle Secten den Chri
stum gantz lassen sein vñ bleiben / vnd sol
ten sie darob zu grund vnd boden gehen /
wie jnen deñ widerfaren wird / wo sie nit
Busse thun. Denn vnser lieber Herr Ch
ristus / der warer Mensch vñ Gott ist / vñ
sampt seinem Himlischen Vater / Himel
vñ Erden / regiert / auff den alle Engel
vnd auserwelten sehen / jm dienet / ewig lob
vñ preis sagen / wenn er dermals eins zu
komen / vnd die gantze Welt für seinem
Richterstul stellen / wirdt er solche graw
same Gottslesterung / so die Welt jetzt
mit seinem wort treibt / vngestrafft nicht
lassen / vnd were solche gesellen am besten /
sie würden hie auff dieser Erde gestraffet /

denn die zukünfftig straff jnen vnleidlich
sein wird.

Nun aber / da sie die Potentaten vnd
Weltlich Oberkeit an statt Gottes straf=
fen / vnd solche Gotteslesterung nicht zu=
lassen solt. Lassen sie sich selbs bereden /
vnd in Irthumb von solchen Schwer=
mern füren / da mus denn einer mit den
andern herhalten vnd gestrafft werden.

Vnter des müssen wir nichts deste we=
niger mit gebet vor Gott anhaltē / das er
sich jr vnd vnser erbarmen / sie beke=
ren / oder wo sie nicht bekeret sein wöllen /
straffen / vñ vns bey der warheit erhalten
wölle. Dabey müssen wir vns wehren
vnd nicht stumme Hund sein / auch keine
verfolgung oder verjagung / wie vns dēs
teglich von jnen geschiht / fürchten.

Darumb wil ich fortfaren / vnd was
weiter vns von jnen fürgeworffen wirt /
außfegen. Das ich aber wider auff das
stück kome / das sie vns fürwerffen / Chri=
stus hab einen geistlichen ort / derhalben
er denselbigen bewohne / vnd abermals
bey vns seinen geistlichen verklerten leib
nach

nach im Nachtmal nicht sein könne. Jetzt
vnd da er bey vns wele vnd sich vns er=
zeigte / so fressen wir jhn also hinein wie
ander fleisch. Denn dieweil wir nicht ein
geniessung oder essen des glaubens allein
zulassen wollen / Sondern leren / wir em=
pfahen jn auch mit dem munde / So kön=
ne der Mensch anders nichts daraus
schliessen / denn das das brot nit brot bleib
sondern fleisch werde / Item das der wein
nicht Wein bleib / sondern sein substantz
vnd wesen verliere vnd Blut were / vnd
sey also kein mittel dazwischen. Da sa=
gen wir nein zu / denn zwischen der speis
des glaubens / vnd der verenderung des
Brots vnd Weins / das ist der transsub=
stantiation ist ein mittel / welcher dassel=
big trifft / der leret recht vom Nachtmal.

Die Zwinglischen versteigen sich mit
jren Menschlich gedancken gar zu hoch.
Die andern die da sagen / Brot vnd wein
verlier ir substantz vnd wesen / vnd nem
an die substantz des Leibs vnd Bluts Ch=
risti / die lassen sich in jren glauben gar
zu tieff hinunter. Darumb halten wir

F   vnd

vnd treffen den mittelweg/weichen weder
zur rechten noch zur lincken / Sondern
gehen stracks den wortē Christi nach/auff
die weis/da wir sagen.

Im Nachtmal des Herrn sehen wir
Brot vnd wein/dasselbig bleib seiner art
vnd natur nach/ brot vñ Wein/ vor vnd
nach der gedechtnis der wort oder einse=
tzung Christi/dasselbig brot vñ wein em=
pfahē wir mit dem mund / beide glaubige
vñ vnglaubige / vñ das gereich vns zu ei=
ner narung vnd tranck vnsers leibs / vnd
werde verdaut wie ander brot vnd wein.
Das ist eins/daraus die Zwinglischen hö
ren/dz keiner transsubstantiation gedacht
wirt. Zum andern/weñ mā gleich alle tag
von solchen brot vñ Wein esse vñ trinck/
on die gedechtnis der einsetzūg des Nacht
mals Christi vnd verkündigung seines
todes vnd vergebung der Sünden/ so sey
es kein Sacrament/ sey auch der ware
leib vnd das ware Blut Christi nit/aber
da die wort der einsetzung vnd die gedecht
nis seines tods/ laut seines befehls dazu
komen / so sey es denn ein Sacrament/
                                         vnd

vnd werde alda jedermenniglich/ders geniessen wil/ warhafftig der Leib vnd blut
Christi vnter dem Brot vnd Wein glaubigen vñ vnglaubigen gereicht / vnd von
jnē mit dem mund zwey ding empfangē/
das brot vnd der wein/ Item der Leib vñ
das Blut Christi/ laut des zeugnis Chri-
sti/ Pauli vnd anderer gottseligen Lerer
mehr. Das ist das ander stück / das wir
sagen/Christus werde vns leiblich geben/
aber nit mit den zenē zerrissen vñ gekeut/
Denn es mus ein Sacrament ein gantz
Sacrament sein vnd bleiben/ dazu hat
Christus nun mehr einen geistlichen verklerten Leib / vnd ist auch gewislich solcher weis bey vns im Nachtmal.

Vnd wenn die Zwinglischen von der
geistligkeit leren/die sein Leib an sich ge-
nomen(deñ er kan anderweis nit geistlich
sein/darumb ist kein vnterscheid zwischen
den Leib CHRIsti vnd seiner geistlig-
keit/dieweil nichts geistlicher ist / denn
sein Leib) vnd lehren/ man empfahe jn
mit dem Munde also wol als mit dem
Hertzen / So wollen wir sie auch für

F 2   rechts

rechtschaffene Christen achten vñ halten.

Zum dritten obwol ein mündlich genie-
sung geschicht beide von bösen vnd from-
men wie die Christl ch Kirch singt vnd be
kent / so gereicht sie doch nicht allen zum
ewigen Leben / darůmb allein die Glaubigen der gůter so vns darinnen zugesagt
geniessen / die vnglaubigen aber můssen
jhr emperen vnd mangeln / nicht von wegen Christi als das sein Fleisch vnd blude
vnthettig vnd vnkrefftig were / sondern
von wegen jrs vnglaubens der nicht die
Götlich krafft vnd macht desselbigen begreiffen vnd zu sich nemen wil.

Hörstu hie das die schuld der verdam-
nis an Christo nicht ist / wie die Zwinglischen schreien? Dan sonsten můste der lie
be Simeon auch geirret haben da er vom
newgebornen Kindlein weissagt vnd pro
phetisirt / es würde gesetzt zu einen fall
irer vielen in Israel / vnd zu einen zeugnis dem widersprochen werde / So můste
auch Christus in gleicher accusation vnd
schuld mit vns sein da er sagt / Er sey nit
komen fride zumachen etc. Da dan in
sölcs

sölchen sprüchen die vrsach der verblendtē
welt ist / die Christum nicht annemen
wil wie Johannes zeugt/so mustu mit vn
ser meinung vñ lehr auch also vmbgehen.

Dan der Leib Christi für sich selbst ge
sund vnd heilsam ist/ gleich wie der Son=
nen schein für sich selbst ein gut vnd nütze
creatur Gottes ist zu erquicken alles das
da wechst / also wirckt Christi Fleisch vñ
Blut in vns alles guts/götlichs/vnd heil
sams /seiner guten göttlichen vnd heilsa=
men natur nach wie die Sonn / das aber
etliche verdorren vnd nicht gerathen wöl=
len / ist Christi Leib vnd Blut kein schuldt
daran / gleich wie an einem vngeschlach=
ten stam oder kraut so es verdorret vnd
verdirbt die Sonn kein uera causa effici=
ens das ist/ gründliche vnd wirckliche vr=
sach ist / sondern sie wirckt für sich irer
natur nach / vnd die vrsach seins selbst
verderbens steckt im kraut oder gewächs
das verdorben ist/ Also argumentiren sie
secundum non causam ut causam.

Darumb wil man wissen wie oder auff
wasserley weiss der Leib vnd das Blut:

Chri=

Christi da vnd zugegen sey / im heiligen
Nachtmal / So mus man nit gedencken/
wie die von Capernaum theten / da Jhe=
sus von der speis seines fleisch sagt / mein
ten sie müsten von seinē leib essen/wie ein
Wolff vom Schafffrist / daher vnsere
vnglaubige verstocktē Capernaiten / vns
auch fleischfresser heissen / Denn da mus
abermal ein Christ lernen/wie er den leib
esse / damit er nicht gedenck jhn mit den
zenen zuzerreissen/ zu kawen vñ verschlin
den / vnd also schüldig werde an der klag
vnserer Widersacher. Jch hab aber dro=
ben gesagt / was der leib Christi vor ein
Leib sey/ nemlich ein verklerter/geheilig
ter/vnsterblicher/geistlichter/vnsichtba=
ter/vnuergenglicher/himlischer/ewiger/
nit ein grober vnernewerter leib / der da
mit den fingern gegriffen vñ empfunden/
mit der Zungē geschmackt/ mit den zehni
zerkaut/vñ durch den schlund abgeschlun
den werden könne. Wie es nun ein ge=
stalt hat mit seinem Leib/vnd desselbigen
eigenschafften / So hats auch ein gestalt
mit desselbigen gegenwert / Derhalben
ist

ist er entgegen nit wie das Brot vnd der
Wein/ denn er ist kein vergenglicher Chri
ristus/des leib solte.corrumpirt/ zerfaul
vnd verdawet werden/ Item er ist da vns
vnsichtbarlich/ denn sein leib nit mehr so
ein schwerer/sichtbarer/vnuerklerter leib
ist.   Item/ er ist also da/das er von keines menschen zungen geschmeckt oder em-
pfunden wird.   Wie er nun da ist/ also
vnd gleicher gestalt wird er empfangen
von glaubigen vnd vnglaubigen.

Wie sagen sie von vnglaubigen:wie
wollen die den leib Christi empfangen? er
hat nichts mit jnen zuthun/ So wil er nicht in jnen wohnen. Da sag ich abermals
nein dazu/ vnd antwort mit vnterscheid/
denn gleich wie die Sonne ein gab vnd
Creatur Gottes ist/vñ lest sie doch leuch
ten/beide den gottlosen vnd fromen / Itē
wie Gott der allmechtig in der predigt sei
nes worts gegenwertig vñ krefftig ist/ es
hörē sie gleich glaubige oder vnglaubige/
vñ wie er die bösen ebē so wol der Tauffe
lest geniessen als die fromē/Itē wie Gott
nicht allein bey vns Menschen hie auff
Erden

Erden/ sondern auch in der Helle ist wie
Dauid sagt/ Item wie die Altuetter vñ
Patriarchen alle von einen Himelbrot
assen vnd doch nicht alle from waren/also
lest er auch die bösen sampt den fronen
des Nachtmals geniessen presenter aber
nicht effectiue.

Denn das Sacrament mus ein gantz
Sacrament sein vnd bleiben/ Denn was
were mir das für ein Sacrament/ wenn
es den vngleubigen fliehen solte/ vnd den
gleubigen nicht/ So hört ich wol/ wenn
der vngleubige/ der sampt vielen das Sa
crament holte/ vnd den Herrn Christum
verjagt/ so müsten in die gleubigē mit irē
glauben vñ gutē wercken vom Himel wi=
der herab bannen oder zihen/ wie sie denn
vnuerschempt sagen vnd fürgeben.

Dazu/ wenn das Sacrament kein vol
komen Sacrament weer von wegen der
vnwirdigkeit der Menschē/ so müste das
Nachtmal oder die Tauffe von keinem
nimermehr gehalten werden/ denn es we=
re niemand/ dieweil wir alle Sünder
sein/ wirdig damit vmbzugehen.

Ober

Vber das wenn Christus nur den gleu
bigen zugegen sein müste / wie sie vnuer=
schembter weise sagen / das die gleubigen
sich an jren glauben / als an ein leiter hal=
ten / hinauff in Himel steigen / vnd Chri=
stum mit gewalt herab ziehen / Denn der
Glaub gelt vnd vermag also viel / vnd
sey also starck / das er Christum aus den
Himel herab ins Nachtmal könte brin=
gen.

So denn Christus durch den glauben
vnd gute werck gezwunge wird im Nacht
mal zu sein / So kan er sich ihnen selbst
freywillig nicht erzeigen / vnd zu einer
speise geben.

Darumb machen sie aus dem Sacra=
ment des Altars / in welchem vns Gott
der Allmechtig / seines eigenen Sons
Fleisch vnd Blut zu einer speis vñ tranck
verheist vnd dargibt / nur ein Sacrifici=
um / als da sie jren glaubē / gute werck etc.
Gott den Allmechtigen auffopffern / vnd
höher denn des HERrn CHRisti zusag
selbs achten.

Derhalben geraten sie wider in die

Messe

Meß / denn sie haben einen blinden Ca=
non̄ / der viel erger ist denn der Bapist.

Das aber die Gottlosen vnd vnglau=
bigen das ewig Leben nicht so wol als den
Leib vnd das blut Christi bekomen / mus
man nit dencken das Christus ein vrsach
sey / gleich ob er schwecher were denn der
vnglaub der boshafftigen / nein / er ist vn̄
kan wol stercker sein / aber dieweil sie kei=
nen glauben hab̄ / so wil er sein fleisch vn̄
blut in jnen nit zum ewigen leben wircken
lassen / Vnd als denn werden allererst die
Sprüch erfüllet. Deus trahit sed volen=
tem / Gott leitet vnd fürt niemand zu sei=
nen gnaden vn̄ Himlischen gaben / denn
der sich für̄ lass̄ wil / vn̄ williglich drein
gibt. Item / was hat Christus vnd Baal
miteinander zuthun. Item / welches ich
mich wil erbarm̄ / des erbarm ich mich /
Item / wer glaubt vnd getaufft wird / der
wird selig (zusam gesetzt geistlich vn̄ leib=
lich brauch der tauff) wer aber nit glaubt
der wird verdampt werd̄ / ob er gleichwol
getaufft ist / also ob gleichwol ein vnglau=
biger d̄ leib vn̄ d̄z blut Christi im Nacht
mal

mal isst vnd doch nicht glaubt / so wird er
verdampt.   Also wil iſm Chriſtus ſeine
gnade denen mitteilen/ſo ſie begeren/vnd
nach im hungerig vnd dürſtig ſein.

Vnd die anruffung vnd ehrerbietung
des brots / wie etwan bisher geſchehen /
muſtu nit für recht vñ gut achtē/auch nit
dencken das wir ſie leren oder wider auff
die Bahn bringen wollen/wie vnſere wi=
derſacher fürgeben vnd ſagen / Weñ das
Brot der Leib / vnd der Wein das Blut
Chriſti ſey / wer wolle jnen verbictē/das
ſie daſſelbig nicht anbeten ſolten?Denen
die ſo reden antwort ich widerumb durch
frag/ob es Chriſtlich vnd Gott wolgefel=
lig ſey den Himel vnd das ort das Chri=
ſtus bewohne/wie ſie ſagen/anbeten vnd
ehren?One allen zweiffel werden ſie nein
dazu ſagen / denn es kein Gottesdienſt/
ſondern eitel Sünde vnd Gottsleſterung
ſey die Creatur vnd geſchöpff an ſtadt des
Schöpffers anbeten.   Gleichsfals ſag
ich auch das das Brot nit darumb anzu=
beten ſey / das der Leib CHRJſti vns
ſich darin oder dadurch erzeig vnd zuge=
niſſen

nieſſen dargebe/vnd ſol vns niemand für
ſo grob achten vnd halten/ das wir in ſolche vnſinnigkeit geraten wolten / wie ſie
plappern vnd ſchwetzen. Denn wenns
dazu keme / das wir ein jede Creatur an
ſtad Gottes ehren würden/ darinnen vnſer Herr Gott ſein gewalt vnd Maieſtet
ſehen vnd ſpüren lies.

So geried auff die letzte vnſer Gottes
dienſt dahin / das wir ein jedes gewuchs
oder Kreutlin/ darinnen Gott der Allmechtig wunderbarlich wirckte / wie die
Egyptier die Zwibel vnd Knoblauch anbetten.

Zum andern frag ich ſie / ob ſie nicht
geleſen haben den Spruch/mit jren men
ſchen tand ehren ſie mich vergeblich. Jtt
ich frag ſie/ob ſie nicht wiſſen/ das ſie die
Schrifft vnuerfelſcht ſolten laſſen / nichts dazu noch dauon thun. Da wir denn
wiſſen/ das der Herr Chriſtus/vns nicht
anders mit ſeinem Sacrament zu thun
noch zu handlen befohlen hat / denn das
wirs allein mit mund vnd Hertzen eſſen
vnd trincken ſollen.

Wel-

Welcher Teufel macht sie denn so
kün vnd heist sie in die gedancken fallen/
das sie das Brot anbetten / vnd vns sol=
che Abgötterey fürwerffen sollen.

Darumb ist kein gemüt in jnen / das
lust vnd lieb zur Warheit hette/ Sonder
alles das wir fürgeben / das lestern sie vñ
sthendens auffs höchst.

So denn das Sacrament von wegen
der gegenwert Christi angebetten werden
solt/ wie sie sagen / vnd nicht von wegen
der eusserlichen zeichen /nemlich/ Brots
vnd Weins.

So hört ich wol man dörfft nichts da=
bey betten / wens nur eusserliche zeichen
sein/wie Zwinglius lehrt.

Wer wil nu bey jren Sacrament jr=
gend ein andacht haben / oder Christlich
Gebet thun/ dieweil es nur blosse zeichen
seind/ Derhalbē sie ir Sacrament selbst
nichtig vnd zu schanden machen/vnd wöl
lens in keinen ehrē gehabt haben/ darumb
das sie sich hörē lassē/ da ein gebet dabey
gescheh/so sey es papistisch vnd abgöttisch
vñ hab einen schein als man das brod vnd
schlecht

ſchlecht creatur anbetet / Aber auff ſolche
weis wirt durch ſie wenig volcks erbawet
zur Buſſe vnd rechtſchaffnen glauben ge=
reitzt / vnd ſeind nicht allein zukünfftige
ergernis zubeſorgen / Sondern es ſchew=
et ſich albereit der gemein man ſehr gnug
vor ſólchen ſeltzamē gedanckē vñ lehr/die
gemeiniglich die vngelertē vnter ſnē/vn=
ter das volck für heiligthumb auswerffen.

Aber hie lern ein Chriſt wie er ſich bey
dieſem hochwirdigen Sacrament halten
ſol / dan wan ers empfahen wil / ſol er
ſich gantz demütig vnd danckbar *darbey*
erzeigen / erſtlich Gott dem almechtigen
dancken/ vmb das erkentnis ſeines Sons
der ſich jme itzt zu einer ſpeis vnd Tranck
geben wólle / vnd jhn weiter anruffen das
.Er jhme die gnad verleihe / das er nicht
mit dem munde allein/ ſondern mit rech=
tem glauben vnd reinem hertzen/ deſſelbi=
gen Fleiſch vnd Blut vnter dem brot vñ
wein (welchs Chriſtus ſelbſt ſeinen Leib
vnd Blut genent hat) wirdiglich empfa=
he / vnd nach dem empfengnis Gott dem
almechtigen für ſólche ſpeis dancken vnd
loben/ vñ alſo ein new Chriſtlichen leben
                                                    ans

anzustelle gedencken / Vnd sol also sicht=
barlich brot vn wein von den leib Christi
abscheidē/vn die gedancken nit auff Crea
tur/als auff Brod vn Wein richten/ son
dern auff das im drunter gereicht wird/
nemlich/auff den waren Leib/vn das wa
re blut Christi. Auff die weis geschicht dē
hochwirdigē Sacrament/ nit zuuiel reue
rentz oder ehr/vn ist keine vnūtz oder Got
vnangenē/ sie sey gleich innerlich des her
tzens oder eusserliche des leibs vn sichtbar
licher Ceremoni/so sie nur aus einē reinē
hertzē herfliessen/ vn kein vertrawen dar=
auff gesetzt wirt. Darum mus man Zwin
lische gedancken ausschlahen / das Brod
lassen brot sein/ vn allein auff Christum
sehen/ aber es seind die Zwinglische so hei
lig Leut/das alle Bepstische gebreuch/ sie
seind gut oder bös (wie ir denn viel beim
Nachtmal geschehen) int ein grewel sein.
DIeses hab ich wöllē leren vn vermanē
von den worten/ vn was sie in sich be=
greiffen vn vns zusagen/nemlich/den wa
ren Leib vn das ware blut Christi vns zu
geniessen vnter den brot vnd wein/welche
er der Herr Christus selbst sein Leib vnd
Blut

blut genẽnet hat / auff sölchen seinen wor=
ten wöllen wier bstendig bleiben vnd ver
harren / vnd vns da ran keins wegs zwei=
fel hafftig machen lassen / Darumb hab
ich itzt allein de materia von der gegen=
wert des Leibs vnd Bluts Christi schrei=
ben wöllen / damit wier versichert wür=
den was wier in den heiligen Nachtmal
empfingen.

Den da wier allererst disputiren wöl=
ten / Ob Christus beide den glaubigen
vnd vnglaubigeu / oder aber den glaubi=
gen allein / sein Leib vnd Blut im Nacht
mal geben wölt / würden wier entlich alle
zumal zweifeln dieweil niemand so volko
men / vnd wol mit seinen glauben gerüst
ist wie er wol sein sölte. Den es würden
stettigs in vnsern hertzen die gedancken ste
ckẽ / wier weren vnwirdig darzu / darumb
gibt sich der Herr Christus beide glaubi=
gen vnd vnglaubigen zu essen damit die
glaubigen nit zweifelten.

Derhalben hat es zum höchsten noth
gethan etwas dauon zuschreiben / Denn
man mus sich solcher wort nicht hören laf
sen

fen wie etliche sagen / es sey den Christli=
chen Kirchen nichts daran gelegen / Ob
man gleich nicht wisse/wie/oder auff was
serley weise der Herr Christus im Nacht=
mal sey/oder ob er da vnd zugegen sey o=
der nicht/ derhalben sölte man nur zur ei=
nigkeit rhaten vnd das volck vom nutz vnd
brauch des Sacraments lehren.

Sölche thun in dem sehr vnrecht / das
sie in zweifel setzē ob sie den Leib Christi
empfahen aber nicht / oder da sie zulassen
man empfahe ihn / vnd können sich doch
nicht darein richten ob sie in Leiblich oder
Geistlich empfahen / wie wöllen/die die=
weil sie das Sigel nicht kennen des briefs
versichert sein? ob gleich im brieff viel
guts verheissen vnd geschrieben steht/vnd
wissen doch nicht wem das Sigel zustehe
so seint sie desselbigen nicht gewis / vnd
wissen auch nicht ob er sie angehöre aber
nicht.

Item sie thun in dem vnrecht das sie
sagen man soll ohne allen vnterscheid zu
frieden rhaten / Fried soll man machen
vnd erhalten / so fern die Ehr vnd der Na

G   me

me Gottes nicht gelestert werden / Aber
mit den feinden Christi die ihn vnd sein
wort anfechten sollen wir nur ritterlich
streiten / vnd vnuerzagt sein / dan Christus wil vns beistehen.

Vnd dieweil wier dessen befelh in der
heiligen Schrifft haben / so müssen wier
Gott mehr gehorsam sein dan den menschen / die welt sag oder thue darzu was sie
wölle / Den Paulus heist vns nicht allein die Menschen / sondern auch die Engel verfluchen / die da anders leren / dan
das wort Gottes an sich selbst ist vnd
lautet.

Do aber Gott an seinen Ehren / vnd
wier an vnserer seelen Heil vnd Seligkeit vnuerletzt bliebt / solten wier in allen
wegen zu frieden rhaten.

Das man aber sol vom Nutz vnd
Frucht des Nachtmals leren / ist nicht v-
bel gerhaten / dan des söllen alle Prediger geflissen sein / das sie das volck recht-
schaffen verstendigen / warumb es eingesetzt sey / Aber da gehen zuuor sölche oder
dergleichen fragen her / was das Nachtmal

mal ſey ? wers eingeſetzt vnd beſchrieben
hab? was vns darinnen gereicht vnd gege
ben werde ꝛc. So dan jtziger zeit ſehr von
nötten iſt / von ſölchen fragen die Chriſt⸗
lich Kirch zuunterrichten / So denck vñ
hoffe ich/es werde dieſe mein arbeit in der
Kirchen etwas ausrichten / vnd wil dem
nach nicht vnterlaſſen auff ein ander zeit
etwas vom rechten Brauch/ Nutz vnd
Fruchtbarkeit des hochwirdigen Sacra⸗
ments zuſchreiben.

Der Allmechtig Gott ein Vater vn⸗
ſers HErrn JHeſu Chriſti/ wölle vns
mit ſeiner gnad vnd heiligen Geiſt regie⸗
ren / das wir die Lehr des Teſtaments
ſeines Sons/recht/rein/vñ vnuerfelſcht
wie ers ſelbſt eingeſetzt / behalten vnd
brauchen/ wölle auch allen hinderniſſen/
So in der Kirchen eingeriſſen weren /
das ſie nicht verdunckeln vnd verneinen/
was vns darinnen zugeſagt iſt / auff
das wir vns ſolches in ſtiller rhue vnd
frieden/ zu Gottes lob vnd vnſer Seelen
Heil vnd Seligkeit brauchen mögen/
Amen.

Gründliche/gnugſame beweiſung/ Argument vnd vrſach/ darauff vnſer Lehr von dem Nachtmal Chriſti fundirt vnd gegründ iſt.

Dieweil wir vns wiſſen zu erinnern/ in was blindheit wir bisher geſteckt vnd verhafft ſind.vnd wie gewaltig/ vñ gnedig vns vnſer Herr Gott daraus geholfen/ ſeinen Son an dem es alles allein gelegen/ zuerkennen geben/ vnd zu dem gnadenreichen Licht ſeines Euangelij hab komen laſſen/ Item was er für ein gefallen darob habe/ das wir nun keck vnd mutig ſein/ ſein wort vnd götlichen willen zuuertretten vnd dabey zuuerharren/ welchs allein ſelig macht vnd Gott dem almechtigen den himel erweitert vnd volmacht. Seind wir ſchuldig von ſölchen wort nicht abzufallẽ oder zum wenigſten nicht nach vnſerm gutdüncken aus zulegen / deñ er wil kein kunſt noch meiſterſtück an ſeinem wort bewiſen habẽ / ſo bedarff er auch in ſeinem

reich

reich keins klügelns oder scharffsitigkeit,

Den wie würde der Christum seinen
erlöser sampt seinem himlischeu vater vñ
heiligen Geist erzürnen / vnd zustraffen
bewegen? der mit der schrifft nach seinem
gefallen vmbgehet / vnd der Kirchen das
durch vielmehr ergerlich/dan fürderlich
ist / deñ gwislich die straff sölcher gesellē
die in der schrifft hin vnd wider wülen nie
auſſen bleiben wird / deñ ergernis in der
Kirchen anrichten ist bey hefftiger straff
vñ pein verbotten / vnd also hoch das es
besser were/das beide die/so ergernis gebē
vnd die so geergert werden / nimermehr
geboren wern.

Deñ sie die Almechtig Maiested Got
tes dahin bewegen / das sie der erschaff-
ung der welt vnd menschen gerewt/wie ge
schehen ist zur zeit Noe.   Derhalben
wiltu den vnausſprechlichen vnd vnleid-
lichen zorn Gottes flihen vnd entrinnen/
so vermeid die Secten Ketzerey vnd verführung der Christen/ vnd denck das dein
Hertz nicht wanckelmütig sey zu glauben
alles was jm vorkomen/es sey denn in der

Schrifft

ſchrifft gegründet/darumb las es einmal
in der erkanten vñ bekanten warheit bis
an das ende beharren / ſo wirſtu ſelig vnd
des Himelreichs teilhafftig werdē. Deñ
wie Gott Warhafftig iſt/alſo wil er ſein
wort warhafftig ſein vñ bleibē laſſen/ vñ
alſo wenig jm ſelbſt einzuredē iſt/alſo wenig wil er ſeinē wort eingeredt vñ wider-
ſprochē haben / darumb darff mans nicht
verwandeln / ſondern jm ſtracks vnd ohn
allē zweiffel glaubē/Denn jm mus man
recht geben/wie Dauid ſagt/ Vñ da wir
jn meiſtern wolten / würden wir alle zu
ſchwach dazu ſein/ vñ derhalben vntenli-
gen/vnd mit ſchand die ſach verlieren.

Wiltu nun Gott zu einen Freund be-
halten/vñ endlich nit dein ſelbſt verderbē
ſehē/ſo meiſter Gott in ſeinē worten nit/
lügenſtraff jn nit / leg ſeine wort nit nach
deinē gefallen aus/ſuch auch nit dein/ſon
der Chriſti Ehr in ſeinem wort/ſo wirſtu
wol Gott zu einē gnedigē Herrn behaltē/
vñ Chriſti erlöſung vñ fürbitten nit vergeblich an dir ſein laſſen.   Denn ſo ein
menſch betracht/ wie trewlich der HErr
Chriſtus es mit allen menſchen gemeine/

Item/wie hoch er erfrewet werde vber ei=
nen Sünder der da busse thue/wie thewr
im auch das Menschlich geschlecht sey an
komē/vnd wie vleissig er all sein lerē vnd
predigen/rhat vn̄ that/ leben vn̄ sterben/
in sein Testament zusamen gefast/ darin
vns dasselbig/ alles versprochē/ vnd zum
höchsten pfand/ sein selbs eigē fleisch vnd
blut/vns zu essen vn̄ zu trinckē eingesetzt/
Item/ wie er dazu so ausdrückliche klare
vn̄ verstendige wort/ die keinem pünctlin
in der gantzen Schrifft noch Artickel vn=
sers Christlichen glaubens zuwider sein/
gebraucht hab/ wirt gewislich keiner sein
der Zwinglij Lehr für Christlich vn̄ gott=
selig achten vnd halten würd/ dieweil er
durch das verwerffen des Testamēts Ch=
risti/alle seine güter vn̄ wolthatē/ so vns
darinnen verheissen/ zu nicht machē wil/
Weñ man aber wil der vernunfft nachge
hē/so find man schier in allē Artickeln/zu
flügeln/ aber hie heist es allein glauben/
die fleischlichen augen zu/ vn̄ die jnnerli=
chen geistlichē auffthun/so bleibt man fest
bey des Herrn Christi worten stehen.

Denn

denn was wil ein sündlicher vñ lügenhaff
tiger Mensch wider Christum / der die
warheit allein ist / vñ von dem alle kunst
vnd Weisheit komen / auffbringen vnd
erdichten / denn es würdt keinen Heiden /
geschweig Christen die gedancken einfal
len / das er einen Menschen mehr glauben
solt denn Gott selbst / da denn Christus
warer Gott vnd Mensch sagt / Das ist
mein Leib / Item / das ist mein Blut / vñ
die Zwinglischen dagegen sagen / Das
bedeut sein Leib vnd Blut / vnd sey es in
der warheit nicht / so wollen wir ehe mit
Christo Ja / denn mit inen Nein / sagen /
denn Christus kan vnd wil sein wort war
machen / welche kunst bisweilen Zwinglio
vnd allen Menschen fehlt.

Vnd wollen nicht allein in diesen / son
dern in allen Artickeln mit ihme Ja sa
gen / vnd glauben / vnd im nicht in einem
recht / im andern aber vnrecht geben /
Sonst würden wir In nicht lang zu ei
nen Freund behalten.

Deñ es heist allein mein / oder las gar
sein / Wir haben einem solchen Breuti
gam

gam / der nicht wil / das sein Braut die
Christliche Kirch irgend einer zusag an
Im zweiffel / vnd da er vns nicht in rechter lieb gegen jm / sondern als ein vnzüch-
tig Weib befünde / würde er gewis seine
liebe von vns auch abwenden.   Wiltu
nun Christum gentzlich zu einem liebhaber vnd Breutgam behalten / so glaub vñ
vertraw jm in allen / leg jm auch seiner zu
sag keine aus / wir dirs geselt / so bleibstu
in Christo / vnd Er in dir / vnd wirst also
ewig in Jm leben.

Denn wie alles in jm vber ein stimpt /
vnd alle tugent vñ Götliche eigenschafften an jm eins / vnd einander nicht zuwider sein / Also wil er auch sein Braut / das
ist / die Christlich Kirch / gezieret vnd ge-
schmückt haben / nemlich / das sie rein vnd
vnbefleckt sey / ohne alle mackel / nicht ein
monstrum Chimera oder vngehewer.

Nicht in diesen stuck das der vernunfft
wolgefellig ist / gut Zwinglisch / als in
den artickel vom Nachtmal / in einen andern / der den Bauch gefelt / gut Luthe-
risch / als da man wil aller Ceremonien

vnd satzungen der Bepſt frey ſein / Son
dern es mus alles mit Chriſto vnd ſeinem
wort vber einſtimmen / vnd zuſamen ge
hengt ſein / welches band der Glaub iſt
der macht mich vnd Chriſtum einen Leib
mein vnd ſein hertz ein hertz / mein vnd
ſein gedancken ein gedanckē / vñ iſt nichts
an mier da ich anderſt den glauben habe /
das dieſem Chriſto zuwider were / ſonder
ich bin jme gleichförmig / ob es wol vn-
volkömlich geſchicht / ſo iſt er doch mein
volkomenheit / dann Er erfült in ſeinen
glaubigen alles / wiltu nun mit Chriſto
auch dermaſſen eins ſein / ſo muſtu ſeine
wort wahr laſſen ſein vñ dieſelbigen glau
ben.   Den glauben aber ſchöpfft man
aus Gottes Wort / vnd iſt kein ander
mittel oder weg denſelbigen zu vberkom-
men / denn das Gehör des worts / wie
Paulus ſagt.

Wirſtu nun vom wort abweichen ſo
wirſtu den glauben verliren / verleurſtu
den glauben / ſo verleurſtu Chriſtum / iſt
Chriſtns verloren / ſo geredt man in ein-
nen miſuerſtandt der Schrifft / wo
man

man die Schrifft nit recht verstehet / da
felt man in mancherley Secten / viel vnd
mancherley Secten machen nicht Selig.
Darumb bleib nur bey dem wort / vnd
weich nicht ab von den Stern des Euan=
gelij / wie die Weisen theten / die Jeru=
salem vnd die Obersten alda höher hiel=
ten denn das Liecht das jnen für schin /
aber sie wurden durch jre gedancken betro
gen / vnd funden Christum nicht / bis so
lang sie sich den Stern widerumb füren /
vnd leiten liessen.

Dieweil wir denn einmal durch den
Stern des Euangelij seind auff die Ban
vnd spür komen / da wir gewislich Chri=
stum finden werden / vnd haben also den
Bepstischen Irthumb vrlaub geben / vñ
ein new leben sampt rechten verstand vnd
auslegung der Schrifft an vns genomẽ /
wollen wir solche schand / in dem das wir
also bald wider abfielen / auff vns nicht
laden / denn wo wir vns liessen von
Zwinglio bereden / vnd dem Euangelio /
das wir bisher für ein Christlich Euan=
geliũ gehalten vñ auch ist / in dem stück võ
Nacht

Nachtmal des HErrn oder andern Artickel vrlaub geben / würden wir vnsere Widersacher / vns vñ vnsern Christum / an dem wir bisher gegleubt / zu lestern / verursachen / dadurch vnsern Herrn Christum zu zorn vber vns reitzen / vnd verkleinerung des namens Gottes anrichten / damit sein Reich nicht erweitert / sondern geringert vnd geschendet würd.

Darumb wöllen wir Zwinglium mit seinen spitzigen gedancken vnd Philosophi faren lassen / welche er nicht hett beschirmen können / wo er nicht ein Gesicht (wie er sagt / ob es weis oder schwartz sey gewesen / wisse er nicht) im traum gesehe / welchs jm seiner Lehr gewissen grund vñ probation eingeben hat. Vnd Christo / welcher sein Lehr aus seiner ewigẽ / vnd vnergründt weisheit hat / anhangen / vñ glauben geben / deñ er gönt vnd verheiß vns nicht allein die Sprewer / das ist das Brot / sondern auch den Kern das ist sein Leib vnd Blut.

Aber Zwinglius ist so gnügig oder viel mehr neidisch / das er den seinigen den

Kern

Kern nicht gönnen / sondern mit gewalt die Sprewer für schütten wil. Wolan/ so faren sie mit dahin / denn was sie für Vieh seind/solchs futter gehört jnen/vnd ohne das die Sew sich mit den Sprewen behelffen müssen.

Sie werden aber nicht allein des kerns felen/ Sondern Christum zu einen grossen Feind vnd vngnedigen Gott haben/ als der in seinem Nachtmal / nicht mit so geringen dingen vmbgangen ist / als nur mit Brot vñ Wein/ Dieweil er das brot vnd Wein nie nicht genent / Sondern an statt derselbigen seins Leibs vnd Bluts/ Des rechten Kerns gedacht hatt.

Jtzt wöllen wir etliche kurtze Artickel in sonderheit zu einer confirmation vnser Lehr setzen.

Zum ersten mus man wissen/ wer das Testament gestifft/eingesetzt/vnd zu halten gebotten hab/ nemlich/ Christus der einig Son Gottes / welcher sampt seinẽ Vater vnd heiligẽ Geist/ allmechtig ist/ Darumb er wol gegenwertig im Nachtmal sein kan/ ob wir jn gleichwol nicht sehen.

hen / der allein Weis / ja die Weisheit
selbst ist / darumb Er ohne allen zweifel
weislich in seinem Testament geredt /
Der allein alle ding zuuor weis / dar
rumb Er vorsichtig gnug gehandelt / der
allein die Warheit ist / darumb jm desto
ehe zuglauben / der allein güttig ist / dar
rumb Ers gut mit vns gemeint vnd vns
in seinem Nachtmal nicht hat betriegen
wöllen / von Dem allein die Gaben die
schrifft auszulegen / herkomen / darumb
Er einen andern verstand der heiligen
schrifft vnd seiner wort jme nicht will ge
fallen lassen / diesem man darfftu gewies
lich glauben / hindan gesetzt aller mensch
en auslegung vnd gedancken.

Zum andern / dieweil es dem HErrn
Christum nit ein gerings gekost / vñ kein
zeitlich gelt oder gut angetroffen hat /
Sondern es hat jhn golten seinen besten
Leib vnd thewers Blut / welches Sches
sein / die die gantze Welt nit bezalen kan /
Ja es hat sein Leib vnd Blut allein nicht
golten / Sondern auch sein Lebẽ / welche
er am stam des heiligẽ Creutzs hat lassen
müssen /

müſſen'/ für vns vnd der gantzen Welt
Sünde/ damit er aller menſchē Seelen/
die an Im glauben/ ſelig mechte/ welchs
gewiſlich die wirdigſten Creaturn in Hi
mel vñ auff Erden ſein/ dorffte wir ſeinē
wortē/ die er dazu gebraucht/ wol glaubē
geben/ vñ kein frembde auslegung ſuchē.

Zum dritten/ dieweil wir wiſſen das
die Apoſtel darumb võ Chriſto gefordert
in das Predigampt / das ſie vns ſoltē die
warheit von jm predigen/ Item das ſie
das jenig ſo ſie gelert/ geſchribē/ vñ gepre
digt/ nit von jnē oder aus jren gutdünckē/
ſondern aus eingebē des H. Geiſts habē/
vnd da etwas ſchwers oder tunckels vom
HErrn Chriſto geredt vnd von jm oder
den Apoſteln nit ausgelegt(deñ den Apo=
ſteln iſt die erkentnis der geheimnis des
Reichs Gottes geben) vñ haben des Her
ren wort ſelbs alſo behalten/ ob ſie gleich=
wol der vernunfft zu wider ſein/ wer wolt
jnen nicht glauben?

Zum vierdten/ dieweil die drey Euan=
geliſten/ Mattheus/ Marcus vñ Lucas/
mit dem groſſen Apoſtel Paulo/ ſo fein
vnd

vnd rund in worten vnd meinung selbst in
der einsetzung des Nachtmals vbcrein
stimmen / ob schon die wort in Luca vnd
Paulo nicht von wort zu wort/gantz vnd
gar sampt allen puncten gesetzt / wie in
Mattheo vnd Marco / dieweil sie zween
am letzten geschrieben / so gehen sie doch
nicht von jren verstand vnd meinung hin
weg / Sondern erkleren sie nur vnd legen
sie besser aus/So werden wir von vnsern
gewissen vberzeugt vnd gezwungen / solcher einhelligkeit der Apostel / als zeugen
solchs Testaments zu glauben.

Zum fünfften/ dieweil eines Menschen
Testament / von keinen ehrlibenden vnd
trewen Menschen gebrochen wird/So es
anders mit allen seinen eigenschafften vn
vmbstendigen bekrefftigt wird/ Wie viel
mehr sollen vnd müssen wir diesem Testa
ment glauben/ welchs von so einem glau
bigen Testirer gemacht / vnd in beysein
so viel Zeugen bekrefftigt / dazu so einhel
lig von dreyen Euangelisten / so mit vnd
darbey gewesen / beschrieben ist.

Zum sechsten ist das Testament nicht
allein

allein von Christo einmal eingeseßt vnd
gestifft / Item nit allein in der zwölff A=
postel gegenwert gehalten vor Christi lei=
den vnd sterben / Sondern hernachmals
vber zwey jar vngefehrlich von Christo/
der albereit gestorben/ vnd gen Himel ge
faren widerholt/ vnd gleicher gestalt ein=
geseßt vnd zu halten gebotten / welchs ge=
schehen ist in der bekehrung Pauli / denn
alda hat er sein Predigampt / sampt den
befehl die Sacramenta zureichen vber=
komen.

Da denn Christus solche seine wort
gleichs lauts widerholt/nichts dazu noch
dauon thut / wie es Paulus zun Corinth.
bekent/ vñ er sie selbst in darreichung des
Nachtmals gebraucht/müssen wir/ Got
geb Zwinglius sag was er wölle/auch da=
bey bleiben.

Zum siebenden / wissen wir aus den
brauch der Sacrament des alten Testa=
ments/das sie alle ein bedeutung vñ blos
zeichen sind gewesen des zukünfftigen Chi=
risti.   Demnach aber Christus komen
ist/ vnd alles das jenig erfült / das im al=
                                                H   ten

ten Testament von ime gesagt wird/ also das es jetzt keines deutens oder zeichens
einer anderer zukunfft oder volkomenheit
mehr bedarff/ Sondern CHristus alles
wie gesagt/erfüllet/vnd nun vns sein leib
vnd blut warhafftig dargibt/ zu einer
speis vnd tranck/ die wir mit dem mund
empfahen/ wie er das selbst gesagt/vnd
eingesetzt hat/ wird keiner sein/ der anderst in einen rechten glauben an solche
lehr gedecht/ der am Abendmal vnd desselbigen worten zweiffeln würde.

Zum achten/So seind nun die Sacramenta des newē Testaments der art vnd
natur/ das sie das jenig/ so in den alten
Testament verheissen/ wesentlich vns
dargeben vnd anbieten/ nach laut vnd
einsetzung derselbigen/ denn auff die ein-
setzung/ all vnser probation/ all vnser
glaub vnd vertrawen mus gesetzt sein.

Zum neundten ist das ein mal gewis
vn̄ war/das/welche lehr von anbegin ge-
weret/vnd allweg durch Gottsfürchtige
frome Lerer fortgepflantzt vn̄ fundirt/vn̄
also die erste vnd letzte ist/ die ist die rechte war-

te warhafftige lehr/es sey in welchē Artickel es wölle / Deñ Gott der Allmechtig
zu allen zeiten / das menschlich geschlecht
mit heilsamer lehr versehē hat. Nun wissen wir das allweg seint Lerer gewesen/
die vnser lehr vñ meinung võ Nachtmal
getrieben vnd fort gepflantzt haben/ von
Christo an bis auff vnsere zeit/ denn erstlich ist der HErr Christus selbst da / den
wir in reden vñ lerē nachfolgē/ aller ding
wie ers befohlen hat. Demnach folgen die
lieben Apostel / die solche lehr auch fast in
die 70. Jar nach Christi geburt getrie-
ben/ welche Discipel vñ schuler gehabt/
die sie hernachmals zu Bischoffen vñ o-
bersten der Kirchen hin vñ wider in Asia
Grecia vñ andern ortē gemacht/wie mã
in der Apostel geschicht vñ Epist. Pauli
liest. Demnach sind man in historien auf-
serhalb der Bibel / zu allen zeiten gelerte
Leut/die auch dieser lehr vñ meinung ge-
west/vñ die wort des Nachtmals rein vñ
vnuerfelscht behalten/ vñ ausgelegt/ als
Ignatius vnd Policarpus beide Jünger
vnd schuler Johan. des Euang. Ireneus

Schüler Policarpi / Tertullianus vnd
Cyprianus beide von Chartago / Euſebi=
us / Hilarius / Auguſtinus / Cyrillus /
Ambroſius / wiewol dieſer gar ein trans=
ſubſtantiation gemacht hat / darumb iſt
er deſte weiter von Zwinglio / Johannes
Chryſoſtomus / Theodoretus / Theophi=
lactus / welche alle die Lehr der Zwingli=
us anhangt / nicht mit predigen allein /
ſondern auch mit Schrifften die noch
vorhanden ſeind / widerlegt / vnd für vn=
chriſtlich gehalten haben / vnd zu vnſern
zeiten ſind man viel gelehrte vnd Gott=
ſelige leut / die viel darwider geredt vnd
geſchrieben / vnd Chriſti meinung behal=
ten haben in ſeinen wortē / wie er ſie ſelbſt
geredt hat.

Zum zehenden dieweil bewiſen / das
vnſer Lehr die aller eltiſt ſey / vnd von
Chriſto ſelbſt den vrſprung hab / ſo folgt /
das des Zwinglij lehr newe vnd eine er=
dachte lehr ſey / ob ſie wol nicht allererſt
zu vnſern zeiten ſich entſpunnen hat / ſon=
dern ſie iſt für etlich hunder Jaren / von
etlichē Schwermern auff die bahn bracht
wor=

worden/ Jedoch iſt ſie allweg verdunckelt
vnd verloſchen/ vñ hat nie keinen beſtand
gehabt/ denn wie ſie von ſpitzigen köpffen
vnd nicht von Gott erdacht iſt/ alſo iſt ſie
mit inen wider zugrund gangen / vnd zu
allen zeiten Gamalielis rhat an jnē war
worden vnd erwieſen.

Zum eilfften/ dürffen wir vns wol rhu
mē/ das Gott der Allmechtig/ ſonderlich
bey vns ſey/ vber vns halte/ vnd viel wun
derwerck thue/ deñ in dem ſpürē wir Gottes ſünderliche gnad / ſchutz vnd ſchirm/
vnſerer Lehr/ das er ſie vnter ſo viel Secten vñ Jrthumb/ noch recht vnd rein in
etlicher hertzen behelt / vnd Fürſten vnd
Herrn dazu bewegt/ die ſolchen/ die ſein
wort vnd die warheit lieb haben/ fried vñ
vnterhaltung verſchaffen / damit ſie mit
aller zuuerſicht/ freudigkeit vnd trotz/
wider den Teufel vnd die ſeinigen/ ſich le
gen vñ ſetzen dürffen/ das geſchicht nicht
aus menſchlicher ſterck oder krafft/ ſonder
aus beyſein vñ hülff Gott des Allmechti-
gen/ Darumb iſt es nit der geringē wun-
derwerck eins / iſt auch nit der gering-

H 3 ſten

ste stück eins/ die vns bey der standhafftig
keit behalten sollen. Zum zwölfften bezeu=
gens aller menschen hertzen/das Zwingli
us ein vngerechte sach oder lehr füre / den
auch die aller einfeltigste / vñ vngelerten
den handel verstehen/vnd sich von wegen
des gewissens von seine brauch des Nacht
mals enthalte/vñ wer nit wunder das die
Zwinglische/ die ire irthum so tröstlicher
weis beschützen wöllen / in ewige verzwei
flung fielen / welchs inen noch eben so we
nig aussen bleiben wirt/ als dem Berenga
rio Carolstadio vnd andern / die weil dan
das gewissen aller meuschen / die noch nit
Zwinglisch sein / dis bezeugt / Vnd sie
selbst sich zum theil ihres gewissens halbe
vom predigampt geben werden kramer
handirer vnd dergleichen / zum theil steck
en sie sich an die heimliche/ verborgene ör
ter/als die die warheit vnd das licht fliehen
Zum theil machen sie sich zu denen die dẽ
Römischen Reich in vnterthenigkeit vnd
verpflichtung nit verwand/damit sie nur
keck vñ freuentlich gnug wider die stend des
Reichs schreibe/etlich drunge sich an schu
len

sen vñ hofen durch allerley list vñ practi
ein welche das sprichwort/ Nouus Rex, Noua
lex,wol studirt habē/etliche aber die kaum
ein buchstab oder zwē lesen oder verstehen
kōnnē/die wollen geistliche vnter inē wer
den/damit ja ir irthumb grösser werd/vñ
sich weit gnug errege/dēn sie dazu nit re
chtschaffne leut vberkomen können. An
dre schreiben bücher von irē glauben (het
schier aber glaubē gesagt)on tittel vñ na
men des Scribentē/ damit man nit weis
aus welchen loch die Fledermeus geslohē
seind.Etliche gedencken irs glaubens von
Nachtmal nit vil in offentlichē predigen/
damit sie nit von vielen zuhörern mögen
gestrafft vñ getattelt werden/denn sie be
ruffen sich allein auff sunderliche vnterre
dung / dadurch sie den gemeinē man / im
hause liderlich vberredē kōnē/ etliche em
pfahē ir Nachtmal sitzend/etliche stehend
aus solchen vñ dergleichen Zwinglischen
hantirungen vñ lebē kanstu abnemen /sie
wissen irer lehr bey sich keinē grund/Dar
umb sie von gewissen also geplagt vnd er
schreckt werden das sie nicht wissen/ wie

H 4   oder

oder mit was Ceremoni vnd geberden sie
jren irthumb beschützen sollen.

Zum dreizehendē mus man nicht ausle
gung in allen sprüchen der schrifft suchen
wie Epiphanius sagt / ob sie wol der ver=
nunfft zuwider sein/ sondern da mag man
allein andere deutung suchen / da sie sich
selbst vns an die hand gibt/ als da der herr
Christus das ewig leben ein haus heist /da
da viel wonungen isten seind / den spruch
verstehet kein mensch also wie er laut/son
dern er sucht ein andere deutung welche
sich selbst dargibt / oder aus andern sprü
chen der Schrifft genomen wirt/ dan das
Reich Gottes stehet nicht in vnterschidnē
gemalten schönen gemachen in eusserliche
wolluſt vnd dergleichen / sondern in jnner=
lichen freuden des hertzens.

So seind wier nun vnsers glaubens vō
Nachtmal dadurch versichert / das wier
die Schrifft auszulegen nicht macht habē
nach vnserm gefallen/ sondern müssen sie
bleiben lassen wie sie laut / sie sey der ver=
nunfft zuwider oder nicht / es sey dan das
sie sich selbst erklert vnd auslegt.

Nun

Nun finden wier aber keius orts der
Schrifft auslegung dieser wort / Das ist
mein Leib / Das ist mein Blut etc. Der
halben müssens die zwinglischen stehen la
ssen vnd den Teufel zu danck haben.

Zum vierzehenden müssen wier die per
son Christi vnzertrent lassen / vnd die zwo
Naturn in jn die Göttliche vnd Mensch
liche nicht zerreissen / sondern gantz vnd
gahr sein vnd bleiben lassen / dan sie also
in jm vereinigt / das sie vnzertrenlich sein
vnd Christus der Gott kan vnd wil sein
menscheit keins wegs hinlegen.   Diese
wunderbarliche vereinigung dieweil sie
vber die natur geschicht / haben vns vnse
re Vorfaren vnd Christliche Lerer durch
exempel abmalen vnd fürstellen wöllen /
aber nie kein füglichs gefunden / wiewol
sie etwan Leib vnd Seel des menschen an
gezogen / es ist aber doch ein vngleich exé
pel / den sich der Leib vnd die Seel einmal
scheiden müssen / Christus aber scheidet
seine göttliche vnd menschliche Natur ni
mermehr / Dan er der mensch vnd Gott
zugleich in der andern person der Trifal
H 5   tigkeit

tigkeit welche Christus ist / nun mehr bis
in ewigkeit herschen vnd regiren wird / da
rumb so wier sagen Christus ist hie seiner
gottheit nach / müssen wier auch sagen / er
ist hie oder bey vns seiner menscheit nach /
warumb? darumb das sein person vnzer=
treülich ist.

Zum fünffzehenden so die person Chri=
sti vnzertreülich ist / so ist Christus allent
halben / dan so die gottheit alles erfült vn
allenthalben ist vnd jhr die menscheit in
Christo also zugethan vnd vereinigt / das
sie keins wegs dauon sol gescheidet werden
so ist sie zugleich mit der gottheit an allen
örten vnd enden / ist sie den alleuthalben
so ist sie auch bey vns warhafftig vnd ohn
allen zweifel im Nachtmal.

Darzu hat Christus selbst verheissen
er wöl seiner Kirchen an allen örten zuge=
gen sein / den da er seine Jünger ausschickt
in der gantzen welt zu predigen vnd die sa=
crament zureichen / sagt er jnen zu er wöl
bey jnen stehen bis ans ende der welt / vnd
vber jhnen halte vnd zugegen sein an wel=
che ende der welt sie zerstrawet würden /
So

So denn CHRistus sich an die Sacra=
ment versprochen vnnd verbunden hat/
vnnd gewis zugesagt / Er wölle bey
vns im Nachtmal sein / an wie viel or=
ten oder in wie viel Landen daselbig ge=
braucht werde. So folgt gewislich draus
das er allenthalben vnd in allen orten
sein kan vnd wil.

Zum sechtzehenden/müssen wir einē vn
terscheid zwischen Christo vñ den Teufel
machen. Aus Christi predigt kompt alles
guts vnd heilsams/ aber aus des Teufels
wortē kompt eitel misuerstand/zanck vñ
hader. Darumb seind des Herrn Christi
wort die er im Nachtmal vnd anders ge=
gebraucht hat/ nicht Delphica oracula/
Sondern lautere vñ klare wort/die keins
frembden auslegengs bedürffen / denn er
ist nicht so ein vngetrewer Gott / das er
het vergebliche vnd vnuerstendliche wort
in seinem Nachtmal gebraucht / wie et=
wan der Teufel gethan / da er durch die
Heidnische Abgötter / als Apollinem
vnd andere das volck betrog/denn weñ sie
gefragt wurden/ gabē sie vnuerstendliche
                                        vnd

vnd zweiffelhafftige antwort denen so sie
fragten/ das sie also darob verstürtzt wur
den/ vnd nicht wißten / wie sie mit ihren
Göttern dran warn/ vnd suchten derhal=
ben jhrer antwort vnd oraculorum viel
auslegung/ vnd je mehr sie suchten/ je jr=
riger sie wurden/ wie es heutigs tags vn=
sern Zwinglischen vñ Caluinischen auch
gehet/ Aber dieweil sie die Schrifft so zer
brechen / vnd in jren rechten verstand nit
lassen wollen/ so sols inē nit anders gehn.

Dagegen ist Christus warhafftig vnd
was er sagt das wil er verstanden haben/
Vnd da wirs nicht verstehen/ so legt ers
selbst aus ohn vnser zuthun. Dieweil er
aber kein auslegung seiner wort/ die er im
Nachtmal gebraucht / gemacht hat/ wil
er sie schlechter einfeltiger weis verstan=
den haben / daran wir nit wie die Heiden
zweiffeln sollen.

Zum siebenzehendē so wier aller Zwin
gler todt vnd jres lebens ausgang betrach
ten/ so werden wier vns von frer lehr bald
abschrecken lassen / deñ ob wol bisweilen
ein Zwinglischer lerer erstanden ist / vnd

vnser

vnser Herrgott seinen geschrey ein zeit=
lang zugesehen/ So hat man jn doch mit
der H.Schrifft von seinen hochmut bald
herab gestochen/ Das er als denn vor al=
ler Welt mit schand hat ligen müssen. Al=
so ist es jr vielen zu vnsern zeiten gangē/
die da widerrufft/ vnd sich selbst als gots
lesterer haben heissen liegen.

Solcher Exempel vnd Historien wil
ich auff ein andermal gedencken/ vnd sie
vnsern zwinglischen/ wo sie nicht Busse
thun/für die augen stellen/ daran sie sich
stossen müssen/den es ist nie keinen Zwin=
glischen wolgangen/ Gott hat allweg jr
straff nicht allein dorthin gespart/ Son=
dern sie auch in diesem Leben daheim ge=
sucht/das jr etliche viel schmehligen vnd
schendlichen verjagens sind ausgestan=
den/Etliche sind auff hohen Schulen mit
jren seltzamen Fantaseien explodirt/ ver=
worffen vnd zu schanden worden/ vnd ob
sies gleichwol mit schand / Weltlichen
frieds halben widerrufft haben / So ist
doch jr Hertz vnd Gewissen/niemals in
jren gantzen leben ruwig vñ still gewesen.
Etli=

Etliche haben sich auff dem todbett / als
verzweifelte vnd abtrunnige von Chri=
sto / nicht trösten wollen lassen.   Andere
seind schreckliches tods zum teil auff dem
Bett zuhaus / Zum teil zu Feld im Krieg
vmbkomen.

Solche schreckliche ende vnd ausgeng
jres lebens haben sie genomen / Welche
nicht Martyria / das ist Zeugen von
der Ler Christi sein / Sondern Timorie
das ist schreckliche greuliche straffen / die
sie mit ihrer sünde vnd gotslesterung ver=
schult vnd auff sich geladen haben / sölche
straff werden noch heutigs tags nicht aus=
sen bleiben allen denen / so in diesen vnd
andern irthumb fort farhen.

Vor sölchen sünden dardurch wir
den schrecklichen zorn gottes auff vns la=
den / wölle der Sohn gottes Jhesus Chri
stus / alle glaubige / die seiner gnade le=
ben / vnd jme nicht mutwillig wiederstre
ben wöllen / gnediglich behüten / vnd
ein mal den Teufel sampt seinen vnkraut
aus der Christlichen Kirchen ausrotten
welches nit gantz vnd gar geschenen mag
                                                                Dar

Dan wan er in den wolcken vns erschei=
nen vnd zukomen wirdt zu richten die Le=
bendigen vnd die Todten / als denn wirt
er die stinckende böcke von seinen lieben
schefflein abscheiden / sich vnd sein Te=
stament / so itzt von jhnen angefochten
wird rechen / vnd ewigs fewer zu lohn ge=
ben / die seinigen aber wird er mit ewiger
rhue / freud vnd seligkeit begaben / vnd
alles das er jhnen in seinem Testa=
ment verheissen/reichlich
widerfaren las=
sen.

Folgt

Folgt ein vnterricht / wie sich der Leye vnd gemeine Man gegen solchen Irthumb halten sol.

HJe zur zeit des Bepstischen Interims / welchs vns auffgedrungen war mit list vnd gewalt / vn̄ mit der bedingung / wir solten vns des halten vnd gemeß leben / bis so lang man ein algemein Concilium beschrieb / da man gründlich von allen religions sachen sich vnterreden künde / nicht allein der gemein man / sondern gros vnd klein / gelerte vnd vngelerte / hohe vnd nidrige stende / zweifelten vnd nicht wusten / wes sie sich darinn̄ halten solten / Etliche die nun et was in jren glauben confirmirt / vnd es mit der Kirchen gut meinten / wolten / man solts gentzlich vnd gahr ausschlahen vnd nicht annemen / Der meiste hauff aber wolts kurtzumb angenomen bekrefftigt vnd in allen Kirchen gebraucht haben den̄ es war also listig vnd tückischer weis gesetzt / das es die aller besten Christen die aller hochgelertstē / Ja auch Fürstē vnd hern

Herrn selbst betrog/das sie es gentzlich da
für hielten / sie hetten bisher durch das E-
uangelium geirret / vnd sich höchlich in
Religions sachen vergriffen / Nun aber
sehen vnd lerneten sie / das Luther nit in
allen Artickeln recht gelert / sondern sich
in etlichen stücken zu hoch verstigen / vnd
derhalben irrige verfürische lehr fürgeben
vnd auff die bahn gebracht/ darumb jeder
meniglich Gott danckte für das Interim
als für ein rechtschaffene vñ volkomene
lehr. Vnd wurd also meniglich ober dem
Interim verblend/das vnter so viel Fürsten vnd Stedtē niemand gefunden war/
der das maul het wider das grewlich Interim dürffen auffthun / Denn ein kleins
heufflin / das dennoch GOtt in bestand-
hafftigkeit erhielt / welchs seine knie für
dem Baal oder Interim/als einer scheus-
lichen vngehewren Chimera nit beugte /
Sonsten würd gantz Deudschland also
verblend mit dem Interim/das jedermenniglich daucht vñ glaubt/ kein besser buch
wer nie auff Erden nach der heiligē Schrifft komen.

I   Denn

Denn es hette den schein / als were es ein frieden Buch / vnd könt alle Secten / Sonderlich die Euangelischen mit den Bepstischen vereinige / darumb must es auff vñ angenomen werdē / in allen Kirchē / Gott geb das Euangelium keme hin wo es hin wolte. Aber wie heilig es schien wie from es anzüschawen / vnd wie einen geistlichen vnd Göttlichē schein vñ wandel es imermer fürte / jhe listiger vnd vertschmitztere tück / vñ teuflischere schelck vñ betrugē dahinder stack / denn es vmb gantz Deudschland ausgewesen were / wo wirs alle angenomē / darin gentzlich verwilligt vnd behart hetten / denn Gott hett die schmach vnd schand nit leiden könnē das wir von dē wort seines sons werē abgefallen / vñ vns in vergebne Münchsteidigung gegebē / vñ dieselbigen auffgenomen hetten / wie deñ ohne das viel straffen in Deudschlanden hernach folgten..

Darumb ob schon die Menschen abfilen / vñ das Euangelium für eine vnrechte Lehr hielten / so muste es dennoch recht sein vnd bleiben / wenn der Teufel noch

so

so zornig vnd grimmisch dagegen sich gestelt hette.

Das erfuhren wir hernachmals/ da
das Interim hinüber kam/ wie jederman
vber jme zu einen narren geworden/ denn
jr wenig in Deudschland warn / die es
jnen nicht hetten gefallen lassen.

Gleicher weis geht es jtzund auch zu/
denn die Welt lest das Euangelium nicht
gern recht haben / darumb da das Bep-
stisch Interim sein vrlaub hatte/ da muste das Zwinglisch Interim herfür / damit ja die Christlich Kirch wenig rhue
auff dieser Erdē hette. Wie nun den Bepstischen Interim viel Fürsten vñ Herrn
anhingen / Item wie es die weltliche O-
berkeit jren Vnterthanen / mit gewalt/
vnd bey verlust jrer huld vnd gnaden auff
drung / Item / wie die gantze Welt jrrig vnd schwachglaubig darob wurd/ vnd
derhalben niemand wüste/ wie er sich dar
innen halten solt.

Gleiche gestalt vnnd meinung hats
mit Zwinglij lehr vnnd Interim auch
denn

Dann der gemein man vnd die armen/ schwachglaubige Christen vmb diecs allein zuthun ist nicht wissen was sie darzu thun sollen/denn in schulen/ klöstern vnd andern örten/ da man mit Gottes wordt vmbgehet / vnd die Jugend darin vnterrichten vñ auffzihen sol/ beklagt man sich man hab bisher in mansgedencken die Religion so offt geendert/das niemand seins glaubens gewis sey / Desgleichen sagt der gemein man er wölt gern des glaubes vnd seiner seelen heil vnd seligkeit / einen grüdlichen bericht wissen/vñ derselbigen versichert sein / so er leut hette die es gut mit jhm in leren vnd predigen meinten/ Nun aber finde man keinen geistlichen mehr der mit dem andern vber ein stimmt dan allezeit die letzten die vorigen straffen vnd tadteln / vnd wöls also jmer einer besser machen denn der ander.

Diesen beschwernissen vnd klagen der gemeinen Leut vorzukome/vnd zuhelfen/ Bin ich bedacht einen kurtzen bericht zustelle damit die vnuerstendige vñ schwach glaubige sie wissen wes sich in sölchen vñ

der

dergleichen zencken jhrer geiſtlichen / die
viel mehr jhr dan gottes ehr ſuchen / hal=
ten ſollen. Wil auch alhie allen gelertē
erfarnē Theologen occaſion vñ vrſach ge
ben / das ſie den ſachen beſſer nachdencken
von dem gezẽck der Zwingliſchen ablaſſ=
en vnd ſich zu den armen jrrigen vud ver=
fürten ſchefflein keren / dieſelbigen auff
rechter bahn vñ weid zubehalten / damit
jhr nicht ſo viel ſampt dem leidigen teuff=
el vnd ſeinen dienern verdampt werden.

Dieweil dan Gott der almechtig allen
menſchen in jhr hertz vnd natur liebe vnd
neigung zu gottesdinſt geben hat/ vnd die
ſo nicht mit dem wort gefürt vnd geleitedt
werden / ſondern gottesdinſt aus jhrer ei=
gnen vernunfft erdichten in grewliche hei
dniſche jrthumb fallen / aber die ſo der
Geiſt Gottes leitet vnd fürt durch das ge
hör des worts / rechte weis vnd weg/ Got
wolgefellige dinſt zu leiſten finden / So
iſt nun die frag vnter dem gemeinen man
vnd vnterthanen / ob ſie ſich der Zwingli
ſchen predigt / vnd anderer gottesdinſt
dörffen theilhafftig machen vnd derſelbi=

gen gebrauchen / oder ihr enthalten/ vnd
gentzlich dauon sein vnd bleiben.

Hieruber antwort die Schrifft rund
vnd ausdrücklich/ vnd sagt das alle die/ so
dē wort Gottes wissentlich / oder vnwis=
sentlich zuwider sein/ oder falsch auslegē/
sollen gemitten/ vñ von vns abgesundert
werden/ Denn Gott der himlisch Vater
hab kein lust an jrgend eines menschē got=
tesdienstē / die vergeblich vñ vnnütz sein/
viel weniger an der menning vñ grossen
hauffen der Gottlosen / So deñ Gott v=
ber einen zürnt / der Menschentand lehrt
oder treibt/ viel mehr wil er vber viel zür=
nen / die zugleich alle mit jhm abtrünnig
werden. Darumb das man Gott nicht je
lenger je mehr erzürn/ so mus mā sich vō
falschen Gottesdienstē vnd lerern enthal=
ten/ vñ jr gantz vnd gar müssig gehen.

Denn also sagt die Schrifft von allen
Sündern vnd Vnglaubigen im 3. buch
Mose am 20. Wenn das Volck im Land
durch die finger wird sehen/ vnd die Ab=
göttischen nicht straffen wird / So wil
doch ich / mein Andlitz wider dieselbigen
setzen

ſetzen / vnnd wider ihr Geſchlecht etc.

Jeremias 16. Sihe / ich wil viel Fiſcher ausſenden / ſprich Der HErr / Die ſollen ſie fiſchen / vnd darnach wil ich viel Jeger ausſenden / die ſollen ſie fahen / auff allen Bergen / auff allen Hügeln / vnd in allen ſteinritzen / Denn meine augen ſehe auff alle ire weg / das ſie für mir ſich nit verhelen können / vñ ire miſſethat iſt für meinen augen vnuerborgen / aber zuuor wil ich ir miſſethat vñ Sünde zwiſfach bezalen / darumb das ſie mein Land mit Abgötterey verunreinigt / vnd mein Erb mit iren grewel vollgemacht haben.

Vnd abermal ſagt Gott / alle die ſolche grewel vnd Sünd begehen / deren ſeel wil ich aus der Erden ausreutten etc.

Dieſe Sprüch wollen / das alle Menſchen in gemein ſchüldig ſeint / nit allein Zwinglij / ſonder auch ander Abgötterey zu fliehe / ohn alle einred / mittel oder verzug. Hie möcht iemand gedencke oder ein einrede brauche / ſo ſich iedermã von zwingliſche lehr enthalten ſolt / vñ die Weltlich Oberkeit etwan die Vnterthanen dahin

J 4   zwin

zwinge / das sie gezwungne Zwingler
sein müsten / vnd sie doch aus vor ange=
zeigten sprüchen / von wegen Gottes sich
enthalten / vnd jr müssig gehen solten.

So möcht ein Weltlicher Krieg vnd
Auffrhur gegen der Oberkeit daraus ent=
springen / Darumb es besser were man
gehorcht Weltlichen Herrn / vnd sehe
bisweilens einen Jrthumb zu / man könt
sich dennoch dafür hüten etc.

Diese einrede hat hie kein statt noch
raum / denn jederman weis wol / das man
eusserlichen friede mus erhalten / vnd der
Oberkeit gehorsam sein / sie sey für sich
Gottsfürchtig aber nicht / aber was den
Glauben belangt / so sagt Christus zu sei=
nen Jüngern vnd allen Predigern / Mar
ci am 6. So sie die Menschen nit auff=
nemen noch hören wöllen / so sollen sie da
uon gehen / vnd den staub von iren schuen
zu einem zeugnis vber sie abschüttlen.
Darnach sagt Paulus in gemein beide
Lehrern vnd zuhörern / Sie sollen die ab=
götterey fliehen.

Vnd Petrus sagt Acto. 5. Man mus
Gott

Gott mehr gehorſam ſein denn den Men
ſchen. Hieraus hören wir/ das die Vn
terthanen zu Irthumͤ nicht gezwungen
werden ſollen/ denn es iſt ſo ein zart ding
vmb das gewiſſen/ das ſichs nit zwingen
leſt.

Ich wil aber hie nicht den gemeinen
Man zu auffrhur vnd vngehorſam gegͤ
die Oberkeit erregen/ Sondern das wil
ich allein angezeigt haben/ das zu offentlichen Irthumen niemands zuzwingen
ſey/ Denn wie das zwingen der Bepſt
mit Beichten/ Walfarten vnd dergleichen Abgöttiſch iſt/ vnd keinen grund in
der Schrifft hat/ eben ſo wenig kan dieſer Irthumb vnd das zwingen/ ſo durch
die Oberkeit dazu geſchicht göttlich ſein/
vnd mit der Schrifft bewieſen werden.

Was aber die Religion belangt/ die
rein vnnd vnuerfelſcht gelehrt vnd gepredigt wird/die ſol man denn rohen gott
loſen Leuten mit gewalt zuhören/ auff-
dringen/ denn es heiſt compelle intrare/
dazu iſt die oberkeit ein beſchirmerin bey-
der Taffeln der zehen gebot/ darin vnter

andern auffsehens in Religions sachen ge
botten wird / Darumb wenn man das
wort hört/so kan es nit fehlen / es müssen
jr etliche demselbigē glaubē/deñ es kompt
nit leer wider / sondern es richt allweg et
was aus/ dieweil es nicht ein vnkrefftig/
Sondern thettig vnd krefftig wort ist.

Also gehts auch mit den Irthumen zu/
dieweil vnsere gemüter imerdar zu abgöt
terey von natur geneigt seint/ so wirt jnē
gar bald dazu geholffen/ wenn sie zu irri
gen verfürten predigen gezwungen wer
den / oder ohn das freiwillig hinzu ge
hen.

Dieweil es denn Gottes ernster befehl
vnd wil ist / das die Menschen nicht da
hin zerzottet / wie das Vieh ohn einem
Hirten vnd führer gehen sollen. Die
weil auch das Menschlich Geschlecht da
zu fürnemlich geschaffen ist/vnd darumb
vns Gott beyeinander in heusern/Dörf
fern vnnd Stedten zuwohnen vergönt/
nemlich/ das einer den andern von Gott
vnd seiner gnaden/ die er vns vmb seines
Sons willen erzeigt hat/ lehren sol / vnd
das

das also durch diese lehr Gott in vnsern
hertzen eingebild / vnd ewig von vns ge=
lobt vnd geehrt werde / welches mit Kir=
chen gehen / predig hören / psalmen sin=
gen / betten vnd dergleichen Gottesdiens=
sten geschicht / so sehe die Oberkeit auff /
was sie für Lehr in jren Kirchen den Vn=
terthanen fürtragen las / was dieselbigen
Lerer für Leut seint / vnd was sie leren.

Denn solchs ist auch ein stück der O=
berkeit von Gott auffgelegt. Da sie aber
Jrthumb vnd verführung lehren lassen /
müssen sie nicht allein die straff jrer sün=
de / Sondern auch der armen Vntertha=
nen vnd zuhörer gewertig sein vnd aus=
stehen / vnd seint die jrrigen vnd verfür=
ten Vnterthanen nichts dester weniger
in gleicher straff / denn da entschüldigt sie
nichts / weder wissenheit oder vnwissen=
heit / weder viel noch wenig deren die da
sündigen / weder Verfürer noch verfur=
te / es mus alles gestrafft werden.

Denn das ist einmal der vnwandel=
bare will Gottes / das Er Jm Abgöt=
terey

terey keins wegs wil gefallen laſſen / die
weil wier dan das wiſſen ſo müſſen wier
vns dauor hüten ❡ als lieb als vns Gott
vnd vnſer ſeelen heil vnd ſeligkeit iſt.

Darumb ſagt Chriſtus / man ſol jme
weder haus noch hoff ⸱ weib noch kind noch
nichts libers ſein laſſen deñ ſeinen cruſten
willen / dardurch er vns alle Abgötterey
verbeut / deñ ob wier ſchon etwas drunter
verlieren / ſo wil ers vns reichlich wider⸗
geben.

Aber das iſt gahr ein ſchwere redt dem
gemeinem man / das er ſolte glaubens
halben verkauffen vnd zeitliche wolfart
vnd gütter verlaſſen / vnd ich weis wol
das ſolches nicht geſchicht / den es iſt die
welt ſo biind das ſie das zukünfftig dieſes
gegenwertigen nicht werth achtet / darūb
laſſen ſich gemeiniglich auch die vntertha
ne hören / ſie wölten zeitlich narung / hab
vnd gut nicht endern / ob ſie gleich türcki⸗
ſchen glauben annemen ſolten.

Wie wer denn gieichwol ſölchen zu⸗
helffen ⸗ Da müſſen ſich die Prediger
viel⸗

vielmals in die gelegenheit der zuhörer
schicken nach dem Exempel Christi vnd
Pauli/ welche nichts vnuersucht liessen/
bis sie Gott dem Allmechtigen etliche see
len erretten. Darumb/ so denn alle zeit
Vnterthane ausserhalb des gehörs des
reinen vnd vnuerfelschten worts Gottes
bleiben werden/ vnd können seiner doch
nicht geniessen/ oder friedlichen hören/
Denn etliche habens gehört/ vnd ist jnen
genomen worden/ etliche habens jr lebtag
nicht gehort/ vnd wissen auch sonst nicht
viel dauon/ Etliche begerns etliche nicht.

So folgt draus/ das sie entweder mit
jren falschen Lerern verfürt/ vnd in ab=
grund der Hellen gestürtzt werden/ oder
dieweil sie die Verfürer nicht hören wol=
len/ jrrig vnd ohne einen Fürer vnd Le=
rer dahin gehen/ vnd mit Gottes Wort
nicht gespeist werden.

Dieweil aber denen/ so mit jnen jrrig
gemacht vnd verdampt werden/ wenig
oder gar nit zuhelffen ist/ So mus man
sich zu denen kehren/ die das wort gern
hörten/ vnd doch nicht können/ die mus
man

man mit Schrifften vnd ermanen lehren
vnd trösten / das sie bestandhafftig blei=
ben/vnd sich nicht abfüren lassen/vnd al=
so bey Gott mit gebet anhalten / er wölle
sich ir vnd der gantzen Christenheit erbar
men/ der Schwermerey ein mal ein ende
macht/vñ sie widerumb erlösen/ also hat
jme Paulus hin vnd wider gethan / Also
hat ihm Pomeranus gethan/da er etliche
in der Schlesing vor der Sacrament=
schwermerey warnet / also hat Lutherus
gethan da er an die võ Franckfurt schrieb
vnd also thun ihm andere Christliche le=
rer mehr/ vnnd erretten auff die weis ihr
viel auch mitten vnter den Feinden.

Da thuts deñ dem gemeinen man not
das die/so das wort gehört/vnd ihnen wi=
der genomen ist/sich desselbigen erinnern
vnd andern auch für sagen / vnd also in
den hohen grossen nötten/nemlich in ver=
lust Gottes worts / die Christlich lieb ehe
an einander beweisen/ deñ in leibs gefar.

Die andern so es vor nicht gehört oder
gewust / die sollen sich lehren lassen/die
warheit erkündigen/ vnd den rechten weg
der

der seligkeit lernen / Daherzu gehören
Schulen / das die Eltern die Kinder in
Gottes furcht / bettē / lesen vnd schreiben
lernen / vleissig auffziehen / vnd sies selbs
lernen / damit die fürnembsten stück der
Christlichē lehr / das ist der Catechismus
nit aus ihren Heusern oder viel mehr her=
tzen kome / Denn welcher den Catechiß=
mum kan vnd gelernt hat / vnd auch dar=
an glaubt vnd sich darauff verlest / der kan
nicht verlorn werden / Gott geb er wohne
bey Türcken oder Heiden.

Den gleich wie vor dieser zeit in so gro
verdunckelung des Euangelij / da das bap
stumb also im schwang gangen ist / nicht
alle leut verdampt seind gewest / sondern
ihr viel selig worden / die nur den psalm
Erbarm dich mein o Herre Gott / gesun=
gen haben / oder nur mit ihren kindlein da
heim zu hause den glauben / Vatter vnser
vñ andere stück des Catechismi gebetet vñ
gesprochen / also sollen im die armen Chri
stē heutigs tags auch thun / wil man ihnē
das wort nicht in der kirchē rein vnd vn=
uerfelschet fürtragen.

So

So predigen sie es im Hause / vnd leren die Kinder vnd sich selbst vntereinander / nichts anders denn den Catechismum / So werden sie denn Priester / einer an den andern / vnd absoluiert auch einer den andern von seinen Sünden / wie alle Christen zur zeit der not sein vnd thun können.

Sollen auch vnter des bitten / das Gott der Allmechtig jnen sein wort rein lauter vnd klar geben wolle / damit sie offentlich zusamen komen können / jn sicherlichen vnd in guten friede loben / ehren vñ preisen / Desgleichen sollen auch diese thun / die das wort zuuor gehabt / nemlich jre Sünde bekennen / derselbigen ein Rew vnd Leid haben / vnd dencken / Gott hab sie in dem gestrafft / das er jnen sein wort entzogen hab / Derhalben sie gleichs fals wie hieuor gesagt / darumb wider bitten sollen.

Solches / so es aus einem reinen Hertzen vnd waren Glauben geschiche / so wirts jnen gewislich widerfaren / ist es nicht offentlich / so ist es doch jnnerlich im Hertz

hertzen/ denn wie viel meinstu das es Chri=
risten hin vnd wider hab an denen orten/
da man das wort verfelscht oder gar nit
hat? gewislich viel mehr denn bey vns
selbst/denn wir sind seiner gar vberdrus=
sig/ Woher kompts jnen? daher/ das/wo
sie dauon gehort/ einer den andern dauon
bericht / mündlich oder schrifftlich/ so
wirckt der heilig Geist eben so wol in jnen
als in vns / die wirs mit eusserlichen frie
den hören können.

Darumb nim solche exempel für dich/
vnd tröst dich jhr / vnd hoff in gedult vnd
einen rechten glauben auff den HErrn/
vnd was du bittest / das bitt von wegen
Christi/denn er ists alles allein / vnd In
hat.vns Gott zu eine Mittler fürgesetzt/
welcher auff jn trawe / der werd nicht zu
schanden werden/ so ist dir eben so wol ge=
holffen / als denen / die das Euangelium
alle tag hören.

Aber wo du woltest faul sein vnd die
gelegenheit das wort Gottes zu hörē durch
diese meine vermanung ausschlahen/ so
thettestu grosse Sünde / denn alle die das
reine

reine wort hören können/die sollens thun
denn es ist Gottes befehl / vnd Christus
hat nichts hinder sich gelassen auff dieser
Erden / denn den befehl das wort zu predigen vnd zuhören / vnd die Sacrament
recht zu gebrauchen. Solchen vnterricht
können in gemein alle Christen brauchen
mit was Jrthumb sie sonsten vmbgeben
sein. Sonderlich aber ist er jetzt auff die
Zwinglischen gericht/welche einen solchē
jrthum fürē/ der der vernunfft gemes ist/
Darumb können sie jn den leuten dester
ehe einschwetzen / vnd dieweil sie jn also
meisterlich in alle artickel flechten vnd
zihen/so sol man sie viel ehe meiden vnnd
gantz vnd gahr flihen / vnd sagen man
müs Gott/der da sagt das ist mein Leib/
mehr gehorsam sein / dan den menschen
die da sagen / es sey nicht sein leib was
vns im Nachtmal gereicht werde / sondern es bedeut seinen leib.

Das man sich aber allein auff den Catechismum zur zeit der noth vnd sonsten
auch zuberuffen hab / so mus ich einen kur
tzen bericht dauon thun.

Der

Der Catechismus ist ein kurtze lehr/ welche das alt vnd newe Testament begreifft/ vnd stehet in fünff stücken.

Nemlich in zehen Gebotten Gottes/ welche nun mehr in die vierthalb tausent Jar gewert.

Im Vater vnser/welchs vns Christus der Herr selbst zu beten befohlen vnd gelert/Matth.6.

In Christlichen glauben/ welcher so alt ist/ das man meint die zwölff Apostel haben jn gemacht.

In zweien Sacramenten/ des newen Testaments/nemlich/ der Tauff/ vnd Nachtmals Christi/ darin man Absolution der Sünden holt.

Diese fünff stück haben von Christo an jmmerzu in der Kirchen gewert/wiewol sie jtzt die Zwinglischē zum teil verwerffen.

Sie seind aber so deutlich vnd einfeltig gestelt/das sie für sich keiner sünderlichē schweren auslegung bedürffen/deñ sie gehören nicht eben allein für die Gelerten/ Sondern viel mehr für den gemeinē man / vnd arme vnuerstendige schwach=

K 3 glau=

glaubige Christen / vnnd hats der heilig
Geist aus sonderlichen Göttlichen raht
also versehen / das Ar einen kurtzen sum=
marischen leichten begriff der gantzen H.
Schrifft in Catechismo setzte.

Vnd den gemeinen Man dabey ver=
sichert vnd ein zeichen geben / Das / wel=
cher etwas auff die Cantzel bringen wer=
de / dem Catechismo zu wider / der sey ein
Verfürer vnd Ketzer.

Nun magstu selbs die Lehr der Zwing=
lischen für dich nemen vnd sehen / ob sie
den Catechismo zuwider sey oder nicht /
Ist sie jm zuwider / so ists ein falsche Lehr
ist sie jm aber nicht zuwider / so ists kein
falsche / sondern ein gute lehr.

Wir wissen aber / das sie jm in allen
wegen viel zuwider ist / nicht was die ze=
hen Gebot / Glaub / Vater vnser vnd die
Tauff / Sondern was das Nachtmal be=
langt.

Denn da der Catechismus sagt / das
Nachtmal des HErrn ist der ware Leib
vnd das ware Blut Christi / etc. Da sa=
gen sie Nein / Es sey nicht der ware Leib
vnd

vnd Blut CHRisti / Sonder nur bloſſe einfachte / euſſerliche lehre zeichen / ohne bey ſein Chriſti / So wollen auch ir etliche / das man im Nachtmal nicht vergebung der Sünden hole.

Sichſtu das ſolches wider den Catechiſmum gehandelt iſt / wie ſolſtu dich aber hierein ſchicke? alſo / das du das Argument ab autoritate vniuerſalis Eccleſie gelten laſt / das iſt / das du dich kurtz auff den Catechiſmum beruffſt vnd ſagſt / dieweil der Catechiſinus vom H. Geiſt gegeben / vnd von Gelerten leuten zuſam getragen / vnnd in Im all vnſer Vorfarn glaubt haben / ſo wollen wir auch daran glauben / da ſol vns kein Menſch anders bereden / Welcher das thut / der wird des Himels nicht felen.

Vnd muſt hiebey auch mercken / das itzt kein Sect iſt / die alſo vnuerſchembt were den Catechiſino zuwider reden / als die Zwingliſchen.

Wenn du nu im Catechiſino wol vnterricht biſt / vnd haſt die ſtück zu betten wol gelernt / ſo kanſtu dich deinen Zwingli-

ſchen

schen Pfaffen widersetzen ohn beystand
der Gelerten/auff die weis das du fragst/
was lehrt ir? Er wird sagen on allen zwei
uel/Das Euangeliū/Jsts auch in Cate
chismo kurtz begriffen? Da mus er Ja zu
sagen.   So fragstu weiter/für wem der
Catechismus gemacht sey? wirt er beken=
nen müssen am meisten für erste anfen=
ger/ vnd schwache oder vnuerstendige in
glaubens sachen.

Ob er denn auch zuuerstehen sey/wie
er laut/ohn alle verfelschung?wird er sa=
gen müssen/ Ja er sey schlechter einfelti=
ger weis zuuerstehen/ denn man den an=
fengern nicht schwere vndeudsche frembde
wort oder auslegung fürgeben mus/ son=
sten het auch der heilig Geist vnweislich
gethan/ das er den Catechismum nicht
leichtlich hette fürgeben/so wers auch wi=
der die meister aller künst/ die gemeinig=
lich das schwerst zuletzt sparen.

Frag in weiter/ob er das Sacrament
des altars ausleg wie es darittinen stehe?
Nein (deñ sie suchen frembde auslegung)
frag ob ers einen befelh hab? nein/ da er
                                        sagen

sagen würd man hab sonsten sprüche der
Heiligen Schrifft die man anderst auslegt den wie sie lauten/ Sag du das ein
vnterscheid sey der Schrifft vnd des Ca
techismi/ in dem das die Schrifft etwas
weitleufftig sey/ vnd bisweilens ein an-
sehens hab als sey sie schwer/ vnd darum
soll sich niemands vnterwinden/ sie aus
zulegen/ denn er habe zuuor wol darinen
studirt.

Aber der Catechismus sey nicht weit-
leufftig/ so sey er auch nicht schwer zu-
uerstehen/ dazu gehör er für die armen
Leyen vnd Kinderlein/ vnd da er sein
kunst oder gaben die Schrifft auszulegen
beweisen wolle/ so sol er in die Bibel
hinein gehen/ vnd den Catechismum zu
frieden lassen/ denn er find eben so wenig ehr/ mit den Catechismo zuflück-
len/ dieweil es ein schlechte einfeltige
Kinderlehr ist/ als einer der im A/B/C/
grosse kunst suchen wolt.

Also wirstu ihn vnd sein kunst zu nicht
machen/ vnnd du nichts deste weniger

ein gutter Chrift bleiben.

Vnd ich bins gewis wan der gemein
man auff sölche oder dergleichen weis mit
den zwinglischen reden würde / so würden
sie von ihren Irthumb abstehen müssen
ohne alle widerlegung der gelerten / Den
dieselbigen spitzigen eselsköpf müsten sich
schemen / das sie von den schlechten leien
solten vberwunden werden / vnd würde
auch an ihnen erfült werden der spruch des
35. psal. Sie trachten schaden zuthun /
vnd suchen falsche sachen wieder die stillē
im Land / darumb mussen sie sich schemē
vnd zuschanden werden.

Derhalben bitt ich es wöllen alle geler
ten kein ander argument wider sie suchen
denn die einsezung selbst / welche in den
Catechismo begriffen ist / den sie ist vns
vnsers glaubens gewis gnug / Darzu ist
der Catechismus die gulden wage / darauff
man die gantze heilige Schrifft vnd alle
lehr vnd secten weget.

So begreifft er auch in sich vnsere prin
cipia / dieweil sie in aber verwerffen / so
wirts noch dahin komen / wie einer vnter
den

den Zwinglischen gesagt hat/ die lehr von
Christo hab keine gewisse fundament vnd
principia / solche theologi seind sie / die
selbst ihrer lehr nicht gewis seind.

Darumb wollen wier bey vnserm Ca=
techismo bleiben/ vnd wiewol alle sprüch
vnd die gantze Bibel vol principia das ist
gewisser vud gnugsamer fundament vnd
grundfest steckt / darauff wier vns verlas=
sen vnd bawen dörffen so ist doch der Cate
chismus principium principiorum.

Das aber jemand aus dem spruch Pau
li da er vns die secten vnd geister probirn
vnd entscheiden heist / schliessen wolt / er
könne vñ mus die zwinglischen hören son
sten könn er von inen nichs iudiciren vnd
reden. Dem antwort ich wo ihr irthum
noch nicht offenbar were / vnd die leut
nicht wüsten was sie für mangel in iren
lehren hetten / so würds einmal oder ett
lichs zugelassen sie zuhören / damit man
verstehen künd was sie lerten/ vnd womit
sie vmbgingen / aber wen man wolt bey
ihnen verharren / sie eben so wol als reine
lerer vnd prediger horen / vnd irer secten

anhengig werden / so würd man wider
Gott am hefftigsten sündigen / darumb
heist vns Sanct Paulus ir lehr probiren
vnd von dem gutten scheiden / vnd darnach dem guten allein anhangen vnd dem
bösen vrlaub geben.

Was nun ihr nachtmal anlangt / da
mus man gantz vnd gahr von bleiben /
vnd sichs enthalten / nicht darumb das
sie die hostien oder oblaten nicht mehr son
dern kuchen dafür backen vnd brauchen
auch darumb nicht das sie die altar einrei
sen vnd für einen grewel halten vnd achtt
oder das sie tisch vnd benck brauchen vnd
sich vnter der Communion zu tisch setzen
sondern aus andern beweglichen vrsach̄.

Erstlich darumb das sie nicht in rechtt
verstand / die wort Christi / der es selbst
eingesetzt / brauchen vnd halten / sondern
hengen hinan menschliche auslegung vn̄
erklerung / vnd füren das volck von dem
rechten verstand derselbigen ab / vnd wei
sen es auff menschliche gedanckē / die Chri
sto seinem wort vnd einsetzung gantz vnd
gahr zuwider sein wie oben gesagt.

Der

Derhalben sol sich niemands ihrer lügen theilhafftig machen.

Zum andern sol man ihres falschen Nachtmals nicht brauchen / das sie nicht in ihren irthumb bestettigt werden / dan je grössern anhang vnd hinderhalt sie mercken / je störrischer sie werden.

Zum dritten mus man sich aller ergernis / dardurch vnsere Brüder verletzt werden/eussern vnd entschlahen/ da denn dein nechster durch dich vnd andere mit den brauch des Zwinglischē Sacramēts geergert/ vnd am Reich Gottes verhindert/werstu zwiefacher straff werd. Darumb mus man sichs gentzlich enthalten.

Zum vierdtē ists gewis/das alle Gottlosen vnd verfelscher des worts müssen gestrafft werden / sampt denen so jnen anhangen / Darumb wil man die Sünde vnd straff derselbigen vermeiden / so vermeid man auch die vrsach / daburch man in Sünde kompt / vnd die straff auff den Hals lett.

Diese vnd dergleichen vrsach wie sie
oben

oben ein jeder selbst aus der widerlegung jrer lehr klawen kan / sollen vns von der gemeinschafft jres Nachtmals abschrecken vnd nicht teilhafftig werden lassen.

Vnd ob schon ein Christ gedencken oder sagen würd/ er wolts in einen solchen glauben von jnen empfahen/als neme vñ empfieng er den waren Leib/ vnd das ware Blut vnsers HErrn Jhesu Christi/ Gott geb sie leugneten oder deuten die wort wie sie wolten / Derselbig sündigt eben so wol/als die gantz vnd gar Zwinglischs glaubens seind.

Denn man kan das Sacrament nicht anderst empfahen / Denn wie mans einem gibt/ So den Zwinglius oder einer seiner Secten vnd glaubens dir nur die gestalt oder zeichen des Leibs vnd Bluts Christi gibt/wie er selbst sagt/ so empfehe stu nur blosse zeichen vnd den Leib an sich selbst nicht.

Gleich als wenn einer den Johannis Segen / den die Papistē jren Communicanten darreichen / für das Blut Christi

Chriſti empfahen wölte / derſelbig thet
vnrecht / dan er mus jn empfahen wie
mann jm gibt / nun gibt man jm nur als
einen ſchlechten Trunck oder ſegen / vnd
nicht für das Blut Chriſti ſelbſt / derhal=
ben kans nicht das Blut Chriſti ſein / dan
der glaub des priſters / vnd des ders em=
pfeht mus im Nachtmal eins ſein / vnnd
von beiden bekant werden / Sonſten ſo
der Prieſter ein anders ſagt / vnd du ein
anders glaubſt / wirſtu in ſteter zweiff=
lung ſtecken vnd nicht wiſſen / was du em=
pfangen hetteſt.

Darüber muſtu das jenig das du im
hertzen gleubſt / mit dem mund bekennen /
da du aber anders glauben wolleſt / vnd
dich vor der Welt anderſt halten / vnd re=
den denn du glaubſt / wirſtu den HErrn
Chriſto kein gefallen daran thun / dan er
wil / das man Jn vor der Welt bekenne /
vnangeſehen / was für gefahr darauff
ſtünde.

Dieweil denn kein einrede ſo viel ver=
mag oder krefftig iſt / das Zwinglius da=
durch verteidigt werden könte / So bit
ich

ich alle frome Christen sie wöllennicht
mein bitten oder schreiben / sondern irer
seelen heil vnd seligkeit ansehen vnd betra
chten vnd sich für Zwinglio vnd allen sei
nen anhang hütten.

Vnd dieweil es niemand aus eignen
krefften thun kan oder vermag / so gehört
embsige vnd stettige gebet dazu / Das
vns Gott der almechtige hie vor allen
secten vnd jrthumb behütten wölle / auff
das wier nicht sein göttlichs Reich / wels
ches in der predigt seines worts stehet /
hie verlieren / vnd dort in ewigkeit
gerathen vnd mangeln
müssen.

Gedruckt zu Vrsel / durch
Nicolaum Henricum.
Anno / 1563.